往来账款岗位
真账实战

陈燕◎编著

中国纺织出版社有限公司

内 容 提 要

本书根据往来账会计岗位的工作要求，将其划分为应收账款、应收票据、应收账款减值、其他应收款、预付账款、应付账款、其他应付款、预收账款、应付票据九大业务模块，又将每一模块的工作任务具体化，并辅之以相应的实操案例，实现了理论与实操的有机结合。本书以提升专业人员的动手实操能力为第一要务，通过本书的学习，既可以掌握出纳岗位的理论基本功，又可以掌握实务操作的具体要求。本书不仅可以作为财会类专业学生的就业准备训练教材，还可以作为企业会计人员的培训教材及从业人员的自学教材。

图书在版编目（CIP）数据

往来账款岗位真账实战 / 陈燕编著 . -- 北京：中国纺织出版社有限公司，2023.3
ISBN 978-7-5229-0208-1

Ⅰ．①往… Ⅱ．①陈… Ⅲ．①财务会计 Ⅳ．① F234.4

中国版本图书馆 CIP 数据核字（2022）第 252128 号

责任编辑：史 岩 曹炳镝 责任校对：高 涵 责任印制：储志伟

中国纺织出版社有限公司出版发行
地址：北京市朝阳区百子湾东里A407号楼 邮政编码：100124
销售电话：010—67004422 传真：010—87155801
http://www.c-textilep.com
中国纺织出版社天猫旗舰店
官方微博 http://weibo.com/2119887771
三河市延风印装有限公司印刷 各地新华书店经销
2023年3月第1版第1次印刷
开本：710×1000 1/16 印张：9
字数：126千字 定价：58.00元

凡购本书，如有缺页、倒页、脱页，由本社图书营销中心调换

前言
Preface

往来账款是企业资产、负债的组成部分,是企业在经济活动中发生的应收、应付、暂收、暂付款项。

往来账作为现代化企业正常运转中不可避免的事项,其账目管理的重要性与必要性日益凸显,也越来越受到广大投资者、债权人以及利益相关者的关注。因此,对现代化企业的往来账建立系统有效的管理模式以及账务处理程序的规范化成为企业的一项基础财务工作。

本书根据往来账会计岗位的工作要求,将其划分为应收账款、应收票据、应收账款减值、其他应收款、预付账款、应付账款、其他应付款、预收账款、应付票据九大业务模块,又将每一模块的工作任务具体化,并辅之以相应的实操案例,实现了理论与实操的有机结合。

本书以提升专业人员的动手实操能力为第一要务,通过本书的学习,既可以掌握出纳岗位的理论基本功,又可以掌握实务操作的具体要求。总而言之,本书具有以下4个特点:

第一,指导性强。本书以实际工作中的具体分工与业务内容为标准来编写,指导性非常强。

第二,完全仿真。本书注重模拟环境的营造,所有资料尽可能逼真,例如,所有的票据都与实际情形一模一样。

第三,操作性强。每项实训都给出实训步骤与指导,使读者能按顺序完成实训过程,不至于手忙脚乱,不知从何下手。同时,给出参考答案和检测标准,便于读者自我评价。

第四,编排新颖。在具体实训过程中适时插入小提示、知识回顾等内容,且尽可能图表化、语言简练化,从而使整本书的风格生动活泼。

本书不仅可以作为财会类专业学生的就业准备训练教材，还可以作为企业会计人员的培训教材，以及从业人员的自学教材。

本书无论在编写内容上还是在编写体例上均做了新的尝试，但由于编著者的水平和实践经验有限，书中难免存在疏漏之处，恳请广大读者批评指正，我们将在修订版中予以更正。

陈燕

2022 年 11 月

目录

第一章 往来账款概述 ······1
第一节 往来款项的内容 ······2
第二节 企业往来账款管理存在的主要问题 ······3
第三节 加强企业往来账款管理 ······4

第二章 往来会计概述 ······9
第一节 往来会计的含义 ······10
第二节 往来核算岗位职责概述 ······10
第三节 往来岗位核算的内容 ······11

第三章 应收及预付款项业务办理 ······13
第一节 应收账款 ······14
第二节 应收票据 ······41
第三节 预付账款 ······58
第四节 其他应收款 ······62

第四章 应付及预收款项业务办理 ······73
第一节 应付账款 ······74
第二节 应付票据 ······86
第三节 预收账款 ······94
第四节 其他应付款的核算 ······97

第五章　长期应收应付款项业务办理 ·················· 101

第一节　长期应收账款 ························ 102
第二节　长期应付款 ························· 105

第六章　债务重组 ····························· 119

第一节　债务重组方式 ························ 120
第二节　以资产清偿债务的会计处理 ················· 121
第三节　将债务转为资本 ······················ 128
第四节　以修改其他债务条件进行债务重组的会计处理 ········ 131
第五节　以组合方式进行债务重组的会计处理 ············ 134

第一章
往来账款概述

第一节 往来款项的内容

往来账款是企业资产、负债的组成部分，是企业在经济活动中发生的应收、应付、暂收、暂付款项。随着我国市场经济的发展和市场竞争的日益加剧，企业为了扩大市场占有率，越来越多地运用商业信用进行促销。然而，市场的信用危机又使得企业间相互拖欠现象日趋严重，造成企业往来账款增加。此外，由于企业经营管理上的原因，许多不属于往来账款的其他经济内容也体现在往来账款中。企业往来账款居高不下，不仅造成企业资金周转困难，而且也使企业的会计信息失真。加强往来账款管理，对减少企业资金占用，创造良好的企业内部经营环境，具有十分重要的意义。

往来款项是指企业在生产经营过程中发生的各种应收、应付款项及预收、预付款项。往来款是以会计手段反映的企业在生产经营过程中因发生供销产品、提供或接受劳务而形成的债权、债务关系的记录，它表示的是企业收款的权利或付款的义务，具有法律效力。往来款项包括应收账款、应收票据、预付账款、其他应收款、应付账款、应付票据、预收账款和其他应付款等，具体如图1-1所示。

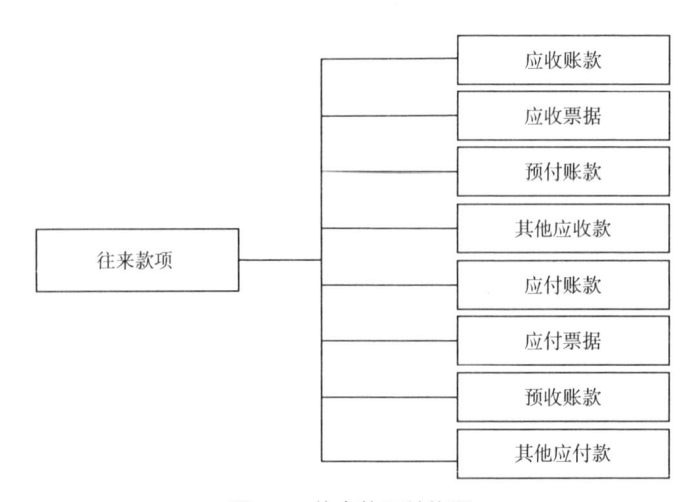

图1-1 往来款项结构图

第二节 企业往来账款管理存在的主要问题

企业往来账款管理是企业财务管理工作中的一个重要环节，只有做好企业往来账款管理工作，才能为其他的会计核算工作提供基础。随着中国市场经济的发展，企业的往来账款管理中也出现了一系列的问题，主要表现在以下几点。

一、对账不及时

一些企业疏于往来账款管理，不能做到定期与相关单位核对账目，有的即使已对账，但没有形成合法有效的对账依据，只是口头上承诺，且缺乏连续性。特别是欠款企业，往往对债权人的对账要求持抵触态度，给催款、清理带来困难。

二、责任不明确

有些企业没有建立往来账款责任制，致使大量往来款无法及时处理。有的经济业务形成的挂账依据不充分，又无明确的责任人，在经办人或领导调离岗位后，造成无人负责，形成潜在财务风险。

三、核算不规范

一是把多个单位往来列入同一明细科目。二是有的单位按经办人员设置明细科目，而不是按对方单位来设置。三是各往来账账户之间不按业务性质记账。如将一些与正常经营业务无关的款项计入应收账款或应付账款，或将两个无法查清的不同账户的应收、应付款项余额相对冲。四是有的企业领导为了个人和小集团的利益，利用往来账款任意增加或减少企业利润。

四、清理不及时

有的挂账单位已经破产或自然注销，其往来账款已名存实亡，但未及时报批做营业外收支处理，造成往来账款不真实。

五、转款不合法

有的企业在往来账中出现一进一出的款项，但无明确经济内容，实际是出借账户为他人转款，违反财务管理规定。还有些业务员，利用职务之便，多次以备用金名义领取现金，然后通过银行转账还款，实际上是为他人套取现金，违反了现金管理规定。

第三节　加强企业往来账款管理

一、优化内部控制环境

优化内部控制环境，主要要做到以下三点：

（1）树立正确的往来账款管理观念，增强员工责任意识，将责任人对往来款项的被动管理转变为自觉行为。

（2）加强企业内部各部门之间的相互协调、配合，形成往来账款管理体系。

（3）提高执业人员素质。要有计划、有步骤地对执业人员进行后续教育培训，选用业务素质好、能力强且有责任心的执业人员，在有效的激励机制下，调动他们的积极性，创造良好的控制环境。

二、建立企业信用风险评估机制

良好的信用风险评估机制有助于企业规避经营风险，降低信用成本，提高往来账款的管理效率。

（1）制定科学的信用政策，确定信用标准、信用条件及收款政策。

（2）建立信用分析评价体系。根据日常收集的客户信用资料，找出影响信用的主要因素，运用数理统计方法加工分类，并予以量化，从而分析客户付款能力和按时付款的可靠性，进行信用决策。

（3）动态监控与预警机制相结合。目的在于及时发现和处理往来账款管理中存在的风险问题，并及时调整相关的管理办法，避免风险扩大。

三、完善往来账款管理的控制程序

出现往来账款管理问题的主要成因在于，企业缺乏相应的控制政策及控制程序，或有了这些政策和程序却没有认真贯彻执行。这些政策与程序包括：岗位分离、授权批准、文件记录、预算控制、实物保全等。

（一）销售与收款方面

（1）制定合理的赊销信用政策，对客户进行信用评估，分类管理。对客户的赊销应经过批准，客户信用期限、额度的调整必须经过有关人员审核批准。

（2）建立资信调查制度。定期对赊销客户信用进行调查，及时清理应收账款，定期编制应收账款账龄分析表供企业负责人、销售部门决策，对于逾期的应收账款及时督促有关人员催收。

（3）建立往来账款管理责任制。企业应明确规定年度计划应收账款年末余额，设定相对积极的平均收账期限，按部门、人员下达销售货款回笼率指标，按月考核，并将考核结果与奖惩挂钩。

（4）建立销售合同签订的会审和监督制度，完善合同文本，强化销售合同的履行、管理及传递、保管制度。

（二）其他应收款方面

（1）明确职责分工。货币资金的收支与记账分离，货币资金的经办人员与资金收支的审核人员分离，防止恶意串通。

（2）建立备用金领用和报销制度。备用金实行专人保管；备用金的领用和报销，应根据金额多少建立授权和批准制度；对无正当理由不按期报销的职工应予以处罚。

（3）定期清理其他应收款，制定并严格执行催款制度，明确不按办事程序形成坏账所应担负的责任。

（三）预付账款方面

（1）严格岗位分离。付款审批人员不能办理寻求供应商业务；审核付款人员、付款人员、记录应付账款人员应岗位分离，防止舞弊发生。

（2）进行预付货款商品及客户信用调查，规定预付款的前提、数额和时间，严格预付货款的审批程序，并按照合同的规定执行。

（3）建立催收货款制度。坚持"谁经办，谁催收"的管理原则，采购人员应在一定的范围内定期轮换，以防止采购人员与供货商联手舞弊。

（四）应付账款方面

（1）定期分析应付账款，确定付款顺序，在企业资金许可的情况下，尽可能先付有折扣的货款。

（2）制订应付账款清理计划，对长期无人追索、确属不需支付的账款，及时转入收入账。

四、强化会计核算的内控制度

（1）专人负责，统一核算。所有往来账户的明细科目应按不同的往来单位设置明细账，除现金预付差旅费、零星采购等以外，不得以本单位的经办人、业务员或其他人员设置明细账。所有往来票据应填写完整、数字准确、内容真实并符合有关规定。

（2）建立定期对账制度。定期与往来单位的财务部门进行函证，杜绝以本单位业务经办人员对账代替与欠款单位的对账，防止双方业务员串通作弊，造成账款不实。所有核对结果必须形成书面文字记录，并把各种函证凭证装订成册，及时归档，方便日后查证。

第二章
往来会计概述

第一节　往来会计的含义

企业的往来业务产生于市场经济时代的信用，往来会计即是由经济信用产生的反应企业与其内部、外部不同经济主体间的往来业务核算岗位的专项会计。

往来会计实务是指用货币为表现形式将企业与其内部、外部所形成债权债务关系加以确认、记录与计量，并报告给相关信息使用者。往来会计实务按业务对象分为企业外部往来会计实务和企业内部往来会计实务。

第二节　往来核算岗位职责概述

往来核算岗位的职责包括以下内容：

（1）建立往来款项结算制度。按照国家有关制度规定，负责对各项应收应付、暂收暂付往来款项等建立必要的结算管理制度。严格执行国家的结算制度和纪律。

（2）执行往来结算清算办法，防止坏账损失。对购销业务以及购销业务以外的暂收、暂付、应收、应付、备用金等债权债务及其他往来款项，要严格清算手续，加强管理，及时清算。

（3）办理往来款项的结算业务。对购销业务以及购销业务以外的各种应收、暂付款项，要及时催收结算；应付、暂收款项，要及时清偿。对确实无法收回的应收账款和无法支付的应付账款，应查明原因，按照规定报经批准后处理。实行备用金制度的公司，要核定备用金定额，及时办理领用和报销手续，加强管理。对预借的差旅费，要督促及时办理报销手续，收回余额，不得拖欠，不准挪用。

（4）负责往来款项的明细核算。对购销业务以外的各项往来款项，要按照单位和个人分户设置明细账，根据审核后的记账凭证逐笔登记，做到记账清楚，余额准确。按规定编报季度、年度的债权债务方面的报表，做到账表相符。年终要抄列清单，并向领导或有关部门报告。

（5）定期进行往来款项的清查核对，在年末编制决算报表前，要普遍进行清查。清查后要写出清查报告表，列明往来款项的单位名称（或个人姓名）、金额、发生的日期。在清查过程中，若发现确实无法收回的往来款项，要认真查明原因，分清责任，并按规定的程序报经有关部门批准后，方可进行账务处理。对于存在的问题和原因，提出加强往来款项管理的建议或措施。

第三节　往来岗位核算的内容

往来岗位核算的主要内容包括：①应收账款的核算；②应付账款的核算；③应收票据的核算；④应付票据的核算；⑤预付账款的核算；⑥预收账款的核算；⑦其他应收款的核算；⑧其他应付款的核算；⑨长期应收款的核算；⑩长期应付款的核算等，如图2-1所示。

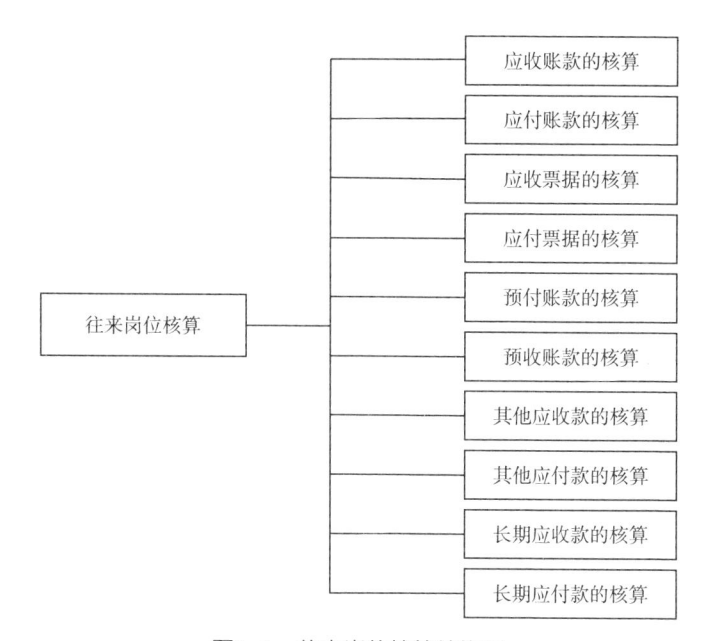

图2-1　往来岗位核算结构图

第三章
应收及预付款项业务办理

第一节 应收账款

一、应收账款的确认与计价

应收账款是指企业在正常经营活动中,由于销售商品或提供劳务等,而应向购货或接受劳务单位收取的款项,主要包括企业出售商品、材料、提供劳务等应向有关债务人收取的价款及代购货方垫付的运杂费等。

应收账款的确认与收入的确认标准密切相关。按照收入确认标准,企业在销售商品时,如果同时符合四个条件,即确认为收入:①企业已将商品所有权上的主要风险和报酬转移给买方;②企业既没有保留通常与所有权相联系的继续管理权,也没有对已售出的商品实施控制;③与交易相关的经济利益能够流入企业;④相关的收入和成本能够可靠地计量。由于大多数商品的销售在交易发生时就具备了这些条件,因此,应收账款应于收入实现时确认。

应收账款是因企业销售商品或提供劳务等产生的债权,应当按照实际发生额记账。其入账价值包括:销售货物或提供劳务的价款、增值税,以及代购货方垫付的包装费、运杂费等。在确认应收账款的入账价值时,应当考虑有关的折扣因素。

(一)商业折扣

商业折扣是指企业为促进销售而在商品标价上给予的扣除。例如,企业为鼓励客户多买商品,可能规定:购买10件以上商品给予客户10%的折扣,购买20件以上商品给予客户15%的折扣。此外,企业为了尽快出售一些残次、陈旧的商品,也可能打折销售。

商业折扣在销售时即已发生,并不构成最终成交价格的一部分。企业销售商品涉及商业折扣的，应当按照扣除商业折扣后的金额即实际成交价格确定销售商品收入金额。

（二）现金折扣

现金折扣指债权人为了鼓励债务人在规定的期限内尽早偿还货款而给予客户的债务扣除。现金折扣通常发生在以赊销方式销售商品及提供劳务的交易中。企业为了鼓励客户提前偿还货款，通常与债务人达成协议，债务人在不同期限内付款可享受不同比例的折扣。现金折扣一般以符号"折扣/付款期限"表示。例如，客户在10天内付款，可按价款给予2%的折扣，用符号"2/10"表示；在20天内付款，可按价款给予1%的折扣，用符号"1/20"表示；在30天内付款则不给折扣，用符号"N/30"来表示。现金折扣发生在企业销售商品之后，企业销售商品后现金折扣是否发生以及发生多少要视买方的付款情况而定，企业在确认销售商品收入时不能确定现金折扣金额。因此，企业销售商品涉及现金折扣的，应当按照扣除现金折扣前的金额确定销售商品收入金额。现金折扣实际上是企业为了尽快回笼资金而发生的理财费用，应在实际发生时计入当期财务费用。

存在现金折扣的情况下，应收账款入账价值的确定有两种方法，即总价法和净价法。总价法是将未减去现金折扣前的金额作为应收账款的入账价值。净价法是将扣减最大现金折扣后的金额作为应收账款的入账价值。

根据我国企业会计制度规定，企业应收账款的入账价值，应按总价法确定。即卖方按扣除折扣前的金额作应收账款的入账金额；现金折扣只有买方在折扣期内支付时才予以确认。如果买方在付款折扣期限内付款，其少付的金额销售方作为理财支出，借记"财务费用"。

二、应收账款的计量

应收账款的核算是通过"应收账款"科目进行的，该科目属资产类科目。企业销售商品或材料等发生应收款项时，借记"应收账款"科目，贷记"主营业务收入""应交税费——应交增值税（销项税额）""其他业务收入"等科目；收回款项时，借记"银行存款"等科目，贷记"应收账款"科目。

企业代购货单位垫付包装费、运杂费时，借记"应收账款"科目，贷记"银行存款"等科目；收回代垫费用时，借记"银行存款"等科目，贷记"应收账款"科目。

如果企业应收账款改用应收票据结算，在收到承兑的商业汇票时，借记"应收票据"科目，贷记"应收账款"科目。

在没有商业折扣的情况下，应收账款应按应收的全部金额入账，借记"应收账款"科目，贷记"主营业务收入""应交税费——应交增值税（销项税额）"等科目。在有商业折扣的情况下，应收账款和销售收入按扣除商业折扣后的金额入账。在有现金折扣的情况下，采用总价法核算。

企业发生的应收账款在有现金折扣的情况下，销售时按未扣减现金折扣的销售额入账，借记"应收账款"科目，贷记"主营业务收入""应交税费——应交增值税（销项税额）"等科目。在折扣期内收到款项时，按实际收款额，借记"银行存款"科目；按发生的现金折扣，借记"财务费用"科目；按应收账款的入账价值，贷记"应收账款"科目。

应收账款

发生了应收而未收的款项时	①收回了应收的款项 ②转作商业汇票结算的款项 ③已作坏账注销的款项
余：尚未收回的应收款	

注："应收账款"应按不同的购货单位或接受劳务的单位设置明细账，进行明细核算。

【例3-1】华泰公司为增值税一般纳税人，2022年5月3日赊销给利民公司一批商品，按价目表的价格计算，货款金额总计10 000元，给买方的商业折扣为10%，适用增值税税率为13%。代垫运杂费500元（假设不作为计税基数），2022年5月25日收到款项。

（1）2022年5月3日赊销时：

记 账 凭 证

2022 年 5 月 3 日　　　　　　　　　第 ×××号

摘要	会计科目		借方金额	贷方金额	账页或√
			千百十万千百十元角分	千百十万千百十元角分	
赊销商品	应收账款	利民公司	1 0 6 7 0 0 0		
	主营业务收入			9 0 0 0 0 0	
	应交税费	应交增值税（销项税额）		1 1 7 0 0 0	
	银行存款			5 0 0 0 0	
	合计		1 0 6 7 0 0 0	1 0 6 7 0 0 0	

会计主管：李俊　　　记账：张华　　　审核：李俊　　　制单：小琴

借：应收账款——利民公司　　　　　　　　　　10 670
　贷：主营业务收入　　　　　　　　　　　　　9 000
　　　应交税费——应交增值税（销项税额）　　1 170
　　　银行存款　　　　　　　　　　　　　　　500

（2）2022年5月25日收到款项时：

记 账 凭 证

2022年5月25日　　　　　　　　　　　第×××号

摘要	会计科目	借方金额	贷方金额	账页或√
收到款项	银行存款	10 670 00		
	应收账款 利民公司		10 670 00	
	合计	10 670 00	10 670 00	

会计主管：李俊　　　记账：张华　　　审核：李俊　　　制单：小琴

　　借：银行存款　　　　　　　　　　　　　　10 670
　　　　贷：应收账款——利民公司　　　　　　　　　　10 670

【例3-2】2022年6月1日，华泰公司向江明公司销售一批商品，货款30 000元，增值税税额3 900元，现金折扣条件为"2/10，1/10，N/30"。

（1）6月1日销售实现时，应按总价确认收入：

记 账 凭 证

2022年6月1日　　　　　　　　　　　第×××号

摘要	会计科目		借方金额 千百十万千百十元角分	贷方金额 千百十万千百十元角分	账页或√
向江明公司销售商品	应收账款	江明公司	3 3 9 0 0 0 0		
	主营业务收入			3 0 0 0 0 0 0	
	应交税费	应交增值税（销项税额）		3 9 0 0 0 0	
合计			3 3 9 0 0 0 0	3 3 9 0 0 0 0	

会计主管：李俊　　　记账：张华　　　审核：李俊　　　制单：小琴

借：应收账款——江明公司　　　　　　　　　　33 900
　　贷：主营业务收入　　　　　　　　　　　　30 000
　　　　应交税费——应交增值税（销项税额）　3 900

（2）如果江明公司6月8日付款，则会计分录为：

记 账 凭 证

2022年6月8日　　　　　　　　　　第×××号

摘要	会计科目	借方金额 千百十万千百十元角分	贷方金额 千百十万千百十元角分	账页或√
收到江明公司付款	银行存款	3 3 3 0 0 0 0		
	财务费用	6 0 0 0 0		
	应收账款 江明公司		3 3 9 0 0 0 0	
合计		3 3 9 0 0 0 0	3 3 9 0 0 0 0	

会计主管：李俊　　　记账：张华　　　审核：李俊　　　制单：小琴

借：银行存款　　　　　　　　　　　　33 300
　　财务费用　　　　　　　　　　　　 600
　贷：应收账款——江明公司　　　　　33 900

（3）如果江明公司6月19日付款，则会计分录为：

记 账 凭 证

2022 年 6 月 19 日 　　　　　　　　第 ×××号

摘要	会计科目	借方金额 千百十万千百十元角分	贷方金额 千百十万千百十元角分	账页或√
收到江明公司付款	银行存款	3 3 6 0 0 0 0		
	财务费用	3 0 0 0 0		
	应收账款 江明公司		3 3 9 0 0 0 0	
	合计	3 3 9 0 0 0 0	3 3 9 0 0 0 0	

会计主管：李俊　　　记账：张华　　　审核：李俊　　　制单：小琴

借：银行存款　　　　　　　　　　　　　　33 600
　　财务费用　　　　　　　　　　　　　　 300
　　贷：应收账款——江明公司　　　　　　33 900

（4）如果江明公司 6 月 29 日付款，则会计分录为：

记 账 凭 证

2022年6月29日　　　　　　　　　　　　第×××号

摘要	会计科目	借方金额 千百十万千百十元角分	贷方金额 千百十万千百十元角分	账页或√
收到江明公司付款	银行存款	3 3 9 0 0 0 0		
	应收账款 江明公司		3 3 9 0 0 0 0	
	合计	3 3 9 0 0 0 0	3 3 9 0 0 0 0	

会计主管：李俊　　　　记账：张华　　　　审核：李俊　　　　制单：小琴

　　借：银行存款　　　　　　　　　　　　　　33 900
　　　贷：应收账款——江明公司　　　　　　　　　　33 900

三、坏账损失的确认及核算

企业的应收账款可能由于种种原因而不能收回，这些不能收回的账款称为坏账，由于坏账而发生的损失称为坏账损失。

我国会计准则规定，应通过"资产减值损失"科目进行核算。

（一）坏账损失的确认

企业确认坏账时，应遵循财务报告的目标和会计核算的基本原则，具体分析各应收账款的特性、金额的大小、信用期限、债务人的信誉和当时的经营情况等因素。一般来讲，企业对有确凿证据表明确实无法收回的应收款项，如债务单位已撤销、破产、资不抵债、现金流量严重不足等，根据企业管理权限，经股东大会或董事会，或类似机构批准作为坏账损失。

企业应当在期末分析各项应收款项的可收回性，并预计可能产生的坏账损失。对预计可能发生的坏账损失计提坏账准备。企业计提坏账准备的方法由企业自行确定。企业应当制定计提坏账准备的政策，明确计提坏账准备的范围、提取方法、账龄的划分和提取比例，按照法律、行政法规的规定报有关各方备案，并备置于企业所在地。坏账准备计提方法一经确定，不得随意变更。如需变更，应当在会计报表附注中予以说明。

在确定坏账准备的计提比例时，除有确凿证据表明该项应收款项不能够收回或收回的可能性不大外（如债务单位已撤销、破产、资不抵债、现金流量严重不足、发生严重的自然灾害等导致停产而在短时间内无法偿付债务等，以及3年以上的应收款项），下列各种情况不能全额计提坏账准备：①当年发生的应收款项；②计划对应收款项进行重组；③与关联方发生的应收款项；④其他已逾期，但无确凿证据表明不能收回的应收款项。

应当指出，对已确认为坏账的应收账款，并不意味着企业放弃了其追索权，一旦重新收回，应及时入账。

（二）坏账损失的核算

我国《企业会计准则》规定，企业应采用备抵法核算应收账款的坏账。

备抵法是根据收入和费用配比的原则，按期估计坏账损失，列为坏账费用，形成坏账准备，在实际发生坏账时，冲销坏账准备的方法。

在备抵法下，企业应设置"坏账准备"科目。该科目是各种应计提坏账准备的应收款项的抵减调整科目。根据我国会计准则，应计提坏账准备的范围主要包括应收账款、预付账款、应收票据、其他应收款等。本节主要以应收账款为例说明坏账的核算方法。

在备抵法下，按期估计坏账损失时，借记"资产减值损失"科目，贷记"坏账准备"科目；实际发生坏账时，借记"坏账准备"科目，贷记"应收账款"科目。在资产负债表上,应收账款项目应按应收账款账户余额减去应收账款提取的坏账准备后的净额反映。

坏账准备

①冲销多提的坏账准备 ②实际发生坏账时(核销应收款时)	①计提(补提)坏账准备时 ②收回已核销的坏账时
余:计算应提取的坏账准备	

采用备抵法核算应收账款的坏账,必须采用一定的方法合理估计各会计期间坏账损失。按期估计坏账损失的方法主要有三种:应收款项余额百分比法、账龄分析法和赊销百分比法。

1. 应收款项余额百分比法

应收款项余额百分比法是按应收款项余额的一定比例估计坏账损失的方法。采用这种方法时,每期所估计的坏账损失,应根据坏账损失占应收款项余额的经验比例和该期应收款项余额确定。当期末坏账准备与应收款项账面余额的比例高于或低于确定的计提比例时,应对已经计提的坏账准备进行调整,冲回多提或补提少提的坏账准备,使坏账准备的余额等于应收款项余额乘以确定的坏账估计比率。

采用应收款项余额百分比法对坏账费用进行会计处理的要点是:①企业首次计提坏账准备时,根据期末应收款项的余额和企业确定的坏账估计比率计算的估计坏账,借记"资产减值损失"科目。②发生坏账时,按实际发生的坏账数额,借记"坏账准备"科目,贷记"应收账款"科目。③已经确认坏账的应收账款又收回时,根据收回数额,借记"应收账款"科目,贷记"坏账准备"科目;同时借记"银行存款"等科目,贷记"应收账款"科目。④会计期末估计的坏账损失与"坏账准备"科目的余额有差异时,应对"坏账准备"科目的余额进行调整,使调整后"坏账准备"科目的贷方余额与估计的坏账数额一致。

2. 账龄分析法

账龄分析法,是按应收账款账龄的长短,根据以往的经验确定坏账损失百分比,并据以估计坏账损失的方法。这里所指的账龄是指客户所欠账款的时间。虽然应收账款能否收回及其回收的程度与应收账款的过期长短并无直接联系，但一般来说，账龄越长，账款不能收回的可能性就越大，因此企业可以按应收账款的账龄估计坏账。账龄分析法就是依据这一前提来估计坏账损失的。

3. 赊销百分比法

赊销百分比法，是以赊销金额的一定百分比估计坏账损失的方法。百分比一般根据以往的经验，按赊销金额中平均发生坏账损失的比率加以计算确定。各期按当期赊销金额的一定比率估计坏账损失，是因为应收账款的坏账只与赊销有关，而与现销无关，赊销业务越多，赊销金额越大，发生坏账的可能性也就越大，因此企业可以根据历史经验估计发生坏账占赊销金额的比率，并按此比率估计各期赊销金额中可能发生的坏账。

【例3-3】兴隆公司从2018年开始计提坏账准备，2018年年末应收账款的余额为2 400 000元，提取坏账准备的比例为5‰。

（1）2018年年末，计提坏账准备：

坏账准备提取额 = 2 400 000 × 5‰ = 12 000（元）

记 账 凭 证

2018年12月××日　　　　　　　　第×××号

摘要	会计科目		借方金额 千百十万千百十元角分	贷方金额 千百十万千百十元角分	账页或√
计提坏账准备	资产减值损失	坏账损失	1 2 0 0 0 0 0		
		坏账准备		1 2 0 0 0 0 0	
	合计		1 2 0 0 0 0 0	1 2 0 0 0 0 0	

会计主管：李俊　　　记账：张华　　　审核：李俊　　　制单：小琴

借：资产减值损失——坏账损失　　　　　　　　12 000
　　贷：坏账准备　　　　　　　　　　　　　　　　　　　12 000

（2）2019年3月，确认坏账3 200元无法收回时，作如下会计分录：

记 账 凭 证

2019年3月××日　　　　　　　　　第×××号

摘要	会计科目	借方金额 千百十万千百十元角分	贷方金额 千百十万千百十元角分	账页或√
确认坏账无法收回	坏账准备	３２０００		
	应收账款		３２０００	
	合计	３２０００	３２０００	

会计主管：李俊　　　　记账：张华　　　　审核：李俊　　　　制单：小琴

借：坏账准备　　　　　　　　　　　　　　　　3 200
　　贷：应收账款　　　　　　　　　　　　　　　　　　　3 200

（3）2019年年末，公司应收账款余额为2 880 000元，计提坏账准备时，作如下会计分录：

应提坏账准备=2 880 000×5‰-12 000+3 200=5 600（元）

记 账 凭 证

2019年12月××日　　　　　　　　第×××号

摘要	会计科目		借方金额	贷方金额	账页或√
			千百十万千百十元角分	千百十万千百十元角分	
计提坏账准备	资产减值损失	坏账损失	5 6 0 0 0 0		
	坏账准备			5 6 0 0 0 0	
	合计		5 6 0 0 0 0	5 6 0 0 0 0	

会计主管：李俊　　　记账：张华　　　审核：李俊　　　制单：小琴

　　借：资产减值损失——坏账损失　　　　　　　5 600
　　　贷：坏账准备　　　　　　　　　　　　　　　　　5 600

（4）2020年3月，确认坏账3 200元无法收回时，作如下会计分录：

记 账 凭 证

2020年3月××日　　　　　　　　第×××号

摘要	会计科目		借方金额	贷方金额	账页或√
			千百十万千百十元角分	千百十万千百十元角分	
确认坏账无法收回	坏账准备		3 2 0 0 0 0		
	应收账款			3 2 0 0 0 0	
	合计		3 2 0 0 0 0	3 2 0 0 0 0	

会计主管：李俊　　　记账：张华　　　审核：李俊　　　制单：小琴

借：坏账准备　　　　　　　　　　　　　　3 200
　　贷：应收账款　　　　　　　　　　　　　　　3 200

（5）2020年7月，公司上年已冲销的坏账又收回时，作如下会计分录：

记 账 凭 证

2020年7月××日　　　　　　　第×××号

摘要	会计科目	借方金额 千百十万千百十元角分	贷方金额 千百十万千百十元角分	账页或√
收回已冲销坏账	应收账款	3 2 0 0 0 0		
	坏账准备		3 2 0 0 0 0	
合计		3 2 0 0 0 0	3 2 0 0 0 0	

会计主管：李俊　　　记账：张华　　　审核：李俊　　　制单：小琴

借：应收账款　　　　　　　　　　　　　　3 200
　　贷：坏账准备　　　　　　　　　　　　　　　3 200
同时：

记 账 凭 证

2020年7月××日　　　　　　第×××号

摘要	会计科目	借方金额 千百十万千百十元角分	贷方金额 千百十万千百十元角分	账页或√
存入银行	银行存款	3 2 0 0 0 0		
	应收账款		3 2 0 0 0 0	
	合计	3 2 0 0 0 0	3 2 0 0 0 0	

会计主管：李俊　　　记账：张华　　　审核：李俊　　　制单：小琴

借：银行存款　　　　　　　　　　3 200
　　贷：应收账款　　　　　　　　　　3 200

（6）2020年年末，应收账款余额为2 000 000元，计提坏账准备时作如下会计分录：

计提坏账准备 =2 000 000×5‰ -14 400-3200=-7 600（元）

记 账 凭 证

2020年12月××日　　　　　　第×××号

摘要	会计科目	借方金额 千百十万千百十元角分	贷方金额 千百十万千百十元角分	账页或√
计提坏账准备	坏账准备	7 6 0 0 0 0		
	资产减值损失 / 坏账损失		7 6 0 0 0 0	
	合计	7 6 0 0 0 0	7 6 0 0 0 0	

会计主管：李俊　　　记账：张华　　　审核：李俊　　　制单：小琴

借：坏账准备　　　　　　　　　　　　　　　　　7 600
　　贷：资产减值损失——坏账损失　　　　　　　　　7 600

【例3-4】华泰公司2020年年末应收账款余额为1 000 000元，提取坏账准备的比例为1%，2021年发生坏账损失9 000元，其中江明公司5 000元，利民公司4 000元，年末应收账款余额为800 000元，2021年已冲销的上年利民公司应收账款4 000元又收回，期末应收账款为600 000元。根据资料计算各年应计提的坏账准备金额并编制坏账损失和计提坏账准备的会计分录。

（1）2020年年末，计提坏账准备：

应计提坏账准备=1 000 000×1%=10 000（元）

记 账 凭 证

2020年12月××日　　　　　　　　　　　　第×××号

摘要	会计科目		借方金额									贷方金额									账页或√
			千	百	十	万	千	百	十	元	角	分	千	百	十	万	千	百	十	元	角	分	
计提坏账准备	资产减值损失	坏账损失			1	0	0	0	0	0	0											
		坏账准备													1	0	0	0	0	0	0	
合计					1	0	0	0	0	0	0				1	0	0	0	0	0	0	

会计主管：李俊　　　记账：张华　　　审核：李俊　　　制单：小琴

借：资产减值损失——坏账损失　　　　　　　10 000
　　贷：坏账准备　　　　　　　　　　　　　　　10 000

（2）2021年，发生并确认坏账损失时，作如下会计分录：

记 账 凭 证

2021年××月××日　　　　　　　　　　第×××号

摘要	会计科目		借方金额 千百十万千百十元角分	贷方金额 千百十万千百十元角分	账页或√
发生并确认坏账损失	坏账准备		9 0 0 0 00		
	应收账款	江明公司		5 0 0 0 00	
		利民公司		4 0 0 0 00	
合计			9 0 0 0 00	9 0 0 0 00	

会计主管：李俊　　　记账：张华　　　审核：李俊　　　制单：小琴

借：坏账准备　　　　　　　　　　　　　　　9 000
　　贷：应收账款——江明公司　　　　　　　　5 000
　　　　　　　　——利民公司　　　　　　　　4 000

（3）2021年年末，公司计提坏账准备时，作如下会计分录：

应计提坏账准备=800 000×1%-（10 000-9 000）=7 000（元）

记 账 凭 证

2021 年 12 月 31 日　　　　　　　　　第 ×××号

摘要	会计科目		借方金额 千百十万千百十元角分	贷方金额 千百十万千百十元角分	账页或√
发生并确认坏账损失	资产减值损失	坏账损失	7 0 0 0 0 0		
	坏账准备			7 0 0 0 0 0	
	合计		7 0 0 0 0 0	7 0 0 0 0 0	

会计主管：李俊　　　记账：张华　　　审核：李俊　　　制单：小琴

　　借：资产减值损失——坏账损失　　　　7 000
　　　　贷：坏账准备　　　　　　　　　　　　　　　7 000

（4）2022 年 3 月 1 日收回坏账时，编制如下会计分录：

记 账 凭 证

2022 年 3 月 1 日　　　　　　　　　第 ×××号

摘要	会计科目		借方金额 千百十万千百十元角分	贷方金额 千百十万千百十元角分	账页或√
收回坏账	应收账款	利民公司	4 0 0 0 0 0		
	坏账准备			4 0 0 0 0 0	
	合计		4 0 0 0 0 0	4 0 0 0 0 0	

会计主管：李俊　　　记账：张华　　　审核：李俊　　　制单：小琴

借：应收账款——利民公司 4 000
　　贷：坏账准备 4 000

同时：

记 账 凭 证

2022年3月1日　　　　　　　　　第×××号

摘要	会计科目	借方金额 千百十万千百十元角分	贷方金额 千百十万千百十元角分	账页或√
收回坏账存入银行	银行存款	4 0 0 0 0 0		
	应收账款 利民公司		4 0 0 0 0 0	
合计		4 0 0 0 0 0	4 0 0 0 0 0	

会计主管：李俊　　记账：张华　　审核：李俊　　制单：小琴

借：银行存款 4 000
　　贷：应收账款——利民公司 4 000

（5）2022年年末，公司计提坏账准备。

应计提坏账准备 =600 000×1%-（8 000+4 000）= -6 000（元）

2022年年末，公司应作如下坏账准备转回分录：

记 账 凭 证

2022 年 12 月 31 日　　　　　　　　　　　第 ×××号

摘要	会计科目	借方金额 千百十万千百十元角分	贷方金额 千百十万千百十元角分	账页或√
转回坏账准备	坏账准备	６０００００		
	资产减值损失　坏账损失		６０００００	
	合计	６０００００	６０００００	

会计主管：李俊　　　记账：张华　　　审核：李俊　　　制单：小琴

　　借：坏账准备　　　　　　　　　　　　　6 000
　　　　贷：资产减值损失——坏账损失　　　　6 000

四、应收账款的内部控制与管理

随着现代企业商业信用的飞速发展，应收账款已经成为企业经营管理中的重要一环。应收账款的风险管理和内部控制，直接影响到企业利润及股东收益。为了切实有效地做好应收账款的内部控制，企业应该关注以下几点。

1. 应收账款的内部控制健全有效

有效的内部控制应包括以下几个方面：

（1）业务部门根据订货单，经过审核后，编制销货通知单。

（2）信用部门根据销货通知单进行资信调查并批准赊销。

（3）仓库根据运输部门持有的经信用部门批准的销货单核发货物。

（4）会计部门根据销货单开具销货发票，并根据销货发票及经批准的有关凭证，编制记账凭证，登记应收账款明细账，并进行总分类核算。

（5）出纳人员在收到货款后，登记银行存款日记账。

（6）对于长期不能收回的应收账款，会计部门应催收、清理货款并及时处理坏账。

2. 应收账款增减变动的合理性和合法性以及坏账确认标准、账务处理正确

包括有无虚列应收账款、虚列企业利润的现象，对已作坏账处理的应收账款应审查是否利用坏账损失进行舞弊活动。发现应收账款有贷方余额的应查明原因，必要时做出分类调整。

3. 外币应收账款的折算正确

包括所选折算汇率是否前后各期一致；期末外币应收账款余额是否按期末市场汇率折算成记账本位币金额；折算差额的会计处理是否正确。

4. 应收账款项目在会计报表上披露恰当

会计报表中应收账款项目是否根据"应收账款"和"预收账款"账户的所属各明细账期末借方余额的合计数填列。

【例3-5】综合例题

兴隆公司应收账款2021年12月1日余额300万元；坏账准备期初贷方余额30万元；2021年12月发生下列经济业务如下（兴隆公司为增值税一般纳税人，增值税税率为13%。商品销售价格不含增值税，在确认销售收入时逐笔结转销售成本，答案以万元为单位）。

（1）2日，向江明公司销售A商品1 600件，标价总额为800万元（不含增值税），商品实际成本为480万元。为了促销，兴隆公司给予江明公司15%的商业折扣并开具了增值税专用发票。甲公司已发出商品，并向银行办理了托收手续。

（2）4日，赊销一批A商品给利民公司，售价为120万元（不含增值税），适用的增值税税率为13%。规定的现金折扣条件为2/10，1/20，n/30，计算现金折扣时不考虑增值税，该批商品成本为100万元。

（3）8日，收到已作为坏账核销的江明公司账款50万元并存入银行。

（4）12日，利民公司付清货款A商品货款。

（5）28日，因华泰公司破产，应收该公司账款10万元不能收回，经批准确认为坏账并予以核销。

（6）31日，兴隆公司对应收账款进行减值测试，预计未来现金流量的现值为1070万元。

要求：编制相应会计分录。

（1）2日，向江明公司销售A商品1 600件，标价总额为800万元（不含增值税），商品实际成本为480万元。为了促销，兴隆公司给予江明公司15%的商业折扣并开具了增值税专用发票。兴隆公司已发出商品，并向银行办理了托收手续：

记 账 凭 证

2021年12月2日　　　　　　　　　　第×××号

摘要	会计科目		借方金额 千百十万千百十元角分	贷方金额 千百十万千百十元角分	账页或√
向江明公司销售A商品	应收账款	江明公司	7 6 8 4 0 0 0 0 0		
	主营业务收入			6 8 0 0 0 0 0 0 0	
	应交税费	应交增值税(销项税额)		8 8 4 0 0 0 0 0	
	合计		7 6 8 4 0 0 0 0 0	7 6 8 4 0 0 0 0 0	

会计主管：李俊　　　记账：张华　　　审核：李俊　　　制单：小琴

借：应收账款——江明公司　　　　　　　　　　　7 684 000
　　贷：主营业务收入　　　　　　　　　　　　　　6 800 000
　　　　应交税费——应交增值税（销项税额）　　　884 000

记 账 凭 证

2021年12月2日　　　　　　　　　　　　第×××号

摘要	会计科目	借方金额 千百十万千百十元角分	贷方金额 千百十万千百十元角分	账页 或√
确认销售商品成本	主营业务成本	4 8 0 0 0 0 0 0 0		
	库存商品		4 8 0 0 0 0 0 0 0	
合计		4 8 0 0 0 0 0 0 0	4 8 0 0 0 0 0 0 0	

会计主管：李俊　　　记账：张华　　　审核：李俊　　　制单：小琴

借：主营业务成本　　　　　　　　　　　　　　4 800 000
　　贷：库存商品　　　　　　　　　　　　　　　　4 800 000

（2）4日，赊销一批A商品给利民公司，售价为120万元（不含增值税），适用的增值税税率为13%。规定的现金折扣条件为2/10，1/20，n/30，计算现金折扣时不考虑增值税，该批商品成本为100万元：

记 账 凭 证

2021 年 12 月 4 日　　　　　　　　　第 ×××号

摘要	会计科目		借方金额	贷方金额	账页或√
			千百十万千百十元角分	千百十万千百十元角分	
赊销商品给利民公司	应收账款	利民公司	1 3 5 6 0 0 0 0 0		
	主营业务收入			1 2 0 0 0 0 0 0 0	
	应交税费	应交增值税（销项税额）		1 5 6 0 0 0 0 0	
	合计		1 3 5 6 0 0 0 0 0	1 3 5 6 0 0 0 0 0	

会计主管：李俊　　　记账：张华　　　审核：李俊　　　制单：小琴

借：应收账款——利民公司　　　　　　　　　　1 356 000
贷：主营业务收入　　　　　　　　　　　　　　1 200 000
　　应交税费——应交增值税（销项税额）　　　156 000

记 账 凭 证

2021 年 12 月 4 日　　　　　　　　　第 ×××号

摘要	会计科目	借方金额	贷方金额	账页或√
		千百十万千百十元角分	千百十万千百十元角分	
确认销售商品成本	主营业务成本	1 0 0 0 0 0 0 0 0		
	库存商品		1 0 0 0 0 0 0 0 0	
	合计	1 0 0 0 0 0 0 0 0	1 0 0 0 0 0 0 0 0	

会计主管：李俊　　　记账：张华　　　审核：李俊　　　制单：小琴

借：主营业务成本　　　　　　　　　　　　1 000 000
　　贷：库存商品　　　　　　　　　　　　　　　　　1 000 000

（3）8日，收到已作为坏账核销的江明公司账款50万元并存入银行：

记 账 凭 证

2021年12月8日　　　　　　　　　第×××号

摘要	会计科目		借方金额	贷方金额	账页或√
			千百十万千百十元角分	千百十万千百十元角分	
将款项存入银行	银行存款		5 0 0 0 0 0 0 0		
	应收账款	江明公司		5 0 0 0 0 0 0 0	
合计			5 0 0 0 0 0 0 0	5 0 0 0 0 0 0 0	

会计主管：李俊　　　记账：张华　　　审核：李俊　　　制单：小琴

借：银行存款　　　　　　　　　　　　　　500 000
　　贷：应收账款——江明公司　　　　　　　　　　500 000

（4）12日，利民公司付清货款A商品货款：

记 账 凭 证

2021年12月12日　　　　　　　　第×××号

摘要	会计科目		借方金额	贷方金额	账页或√
			千百十万千百十元角分	千百十万千百十元角分	
收到利民公司的货款	银行存款		1 3 8 0 0 0 0 0 0		
	财务费用		2 4 0 0 0 0 0		
	应收账款	利民公司		1 4 0 4 0 0 0 0 0	
合计			1 4 0 4 0 0 0 0 0	1 4 0 4 0 0 0 0 0	

会计主管：李俊　　　记账：张华　　　审核：李俊　　　制单：小琴

借：银行存款　　　　　　　　　　　　　　　1 380 000
　　财务费用　　　　　　　　　　　　　　　　24 000
　　贷：应收账款——利民公司　　　　　　　　　　1 404 000

（5）28日，因华泰公司破产，应收该公司账款10万元不能收回，经批准确认为坏账并予以核销：

记 账 凭 证

2021年12月28日　　　　　　　　　第×××号

摘要	会计科目		借方金额	贷方金额	账页或√
			千百十万千百十元角分	千百十万千百十元角分	
确认并核销坏账	坏账准备		1 0 0 0 0 0 0 0		
	应收账款	华泰公司		1 0 0 0 0 0 0 0	
合计			1 0 0 0 0 0 0 0	1 0 0 0 0 0 0 0	

会计主管：李俊　　　记账：张华　　　审核：李俊　　　制单：小琴

借：坏账准备　　　　　　　　　　　　　　　100 000
　　贷：应收账款——华泰公司　　　　　　　　　　100 000

（6）31日，兴隆公司对应收账款进行减值测试，预计未来现金流量的现值为1070万元：

应收账款=300+795.6+140.4-140.4-10=1085.6（万元），现值为1070万元，则应有坏账准备15.6万元；

坏账准备账户余额=30+50-10=70（万元），应计提坏账准备=15.6-70=-54.4（万元）

记 账 凭 证

2021 年 12 月 31 日　　　　　　　　　第 ×××号

摘要	会计科目	借方金额 千百十万千百十元角分	贷方金额 千百十万千百十元角分	账页或√
计提坏账准备	坏账准备	5 4 4 0 0 0 0 0		
	资产减值损失		5 4 4 0 0 0 0 0	
	合计	5 4 4 0 0 0 0 0	5 4 4 0 0 0 0 0	

会计主管：李俊　　　记账：张华　　　审核：李俊　　　制单：小琴

　　借：坏账准备　　　　　　　　　　544 000
　　　贷：资产减值损失　　　　　　　　　　544 000

第二节　应收票据

一、应收票据概述

应收票据，是指企业持有的还没有到期、尚未兑现的商业票据。商业汇票是一种由出票人签发的，委托付款人在指定日期无条件支付确定金额给收款人或持票人的票据。

商业汇票的付款期限，最长不得超过六个月。定日付款的汇票付款期限自出票日起计算，并在汇票上记载具体到期日；出票后定期付款的汇票付款期限自出票日起按月计算,并在汇票上记载;见票后定期付款的汇票付款期限自承兑或拒绝承兑日起按月计算,并在汇票上记载。商业汇票的提示付款期限,自汇票到期日起10日。符合条件的商业汇票的持票人,可以持未到期的商业汇票连同贴现凭证向银行申请贴现。

商业汇票按是否计息可分为不带息商业汇票和带息商业汇票。

根据承兑人不同,商业汇票分为商业承兑汇票和银行承兑汇票。商业承兑汇票是指由付款人签发并承兑,或由收款人签发交由付款人承兑的汇票,如表3-1所示。商业承兑汇票的付款人收到开户银行的付款通知,应在当日通知银行付款。付款人在接到通知日的次日起三日内(遇法定休假日顺延)未通知银行付款的,视同付款人承诺付款。银行将于付款人接到通知日的次日起第四日(遇法定休假日顺延),将票款划给持票人。付款人提前收到由其承兑的商业汇票,应通知银行于汇票到期日付款。银行在办理划款时,付款人存款账户不足支付的,银行应填制付款人未付票款通知书,连同商业承兑汇票邮寄持票人开户银行转交持票人。

表3-1 商业承兑汇票

商业承兑汇票(卡片)1

出票日期: 年 月 日 汇票号码
(大写)

收款人	全称		收款人	全称			此联承兑人存查
	账号			账号			
	开户银行			开户银行		行号	
出票金额	人民币(大写)			亿千百十万千百十元角分			
汇票到期日(大写)			付款人开户行	行号			
交易合同号码				地址			
出票人签章				备注:			

银行承兑汇票是指由在承兑银行开立存款账户的存款人（这里也是出票人）签发，由承兑银行承兑的票据，如表3-2所示。企业申请使用银行承兑汇票时，应向其承兑银行按票面金额的万分之五交纳手续费。银行承兑汇票的出票人应于汇票到期前将票款足额交存其开户银行，承兑银行应在汇票到期日或到期日后的见票当日支付票款。银行承兑汇票的出票人于汇票到期前未能足额交存票款时，承兑银行除凭票向持票人无条件付款外，对出票人尚未支付的汇票金额按照每天万分之五计收利息。

表3-2　银行承兑汇票

银行承兑汇票（卡片）1

出票日期：　　　年　月　日　　汇票号码
（大写）

出票人全称		收款人	全称												此联承兑行留存备查，到期支付票款时作借方凭证附件
出票人账号			账号												
付款行全称			开户银行					行号							
出票金额	人民币（大写）			亿	千	百	十	万	千	百	十	元	角	分	
汇票到期日（大写）		付款行	行号												
承兑协议编号			地址												
本汇票请你行承兑，此项汇票款我单位承兑协议于到期日前足额交存银行，到期请予以支付。 出票人签章			备注：						复核　记账						

43

在我国，应收票据一般按其面值计价，即企业收到应收票据时，应按照票据的票面价值入账。会计实务上一般不对应收票据计提坏账准备。

二、应收票据的确认与计价

为了反映和监督应收票据取得、票款收回等经济业务，企业应设置"应收票据"科目，借方登记取得的应收票据的面值和计提的票据利息，贷方登记到期收回票款或到期前向银行贴现的应收票据的票面余额，期末余额在借方，反映企业尚未收回且未申请贴现的应收票据的面值和应计利息。本科目应按照商业汇票的种类设置明细科目，并设置"应收票据备查簿"，逐笔登记每一张应收票据的种类、号数、签发日期、票面金额、交易合同号、承兑人、背书人的姓名或单位名称、到期日、贴现日、贴现率、贴现净额、收款日期、收款金额等事项。

（一）不带息应收票据

不带息票据的到期价值等于应收票据的面值。企业销售商品、产品或提供劳务收到开出、承兑的商业汇票时，按应收票据的面值，借记"应收票据"科目，按实现的营业收入，贷记"主营业务收入"科目，按专用发票上注明的增值税额，贷记"应交税费——应交增值税（销项税额）"科目。应收票据到期收回时，按票面金额，借记"银行存款"科目，贷记"应收票据"科目。商业承兑汇票到期，承兑人违约拒付或无力支付票款，企业收到银行退回的商业承兑汇票、委托收款凭证、未付票款通知书或拒绝付款证明等，借记"应收账款"科目，贷记"应收票据"科目。

（二）带息应收票据

企业收到的带息应收票据，除按照上述原则进行核算外，还应于期末按规定计提票据利息，并增加应收票据的账面余额，同时冲减"财务费用"。到期不能收回的带息应收票据转入"应收账款"科目核算后，期末不再计提利息，其所包含的利息在有关备查簿中登记，待实际收到时再冲减收到当期的财务费用。

票据利息的计算公式为：

应收票据利息=应收票据票面金额×票面利率×期限

式中，"利率"一般指年利率；"期限"指签发日至到期日的时间间隔（有效期）。票据的期限，有按日表示和按月表示两种。

票据期限按日表示时，应从出票日起按实际经历天数计算。通常出票日和到期日，只能计算其中的一天，即"算头不算尾"或"算尾不算头"。

票据期限按月表示时，应以到期月份中与出票日相同的那一天为到期日，而不论各月份实际日历天数多少。如果票据签发日为某月份的最后一天，其到期日应为若干月后的最后一天。如11月30日签发的、3个月期限的商业汇票，到期日为下一年2月28日或29日；2月28日签发的、5个月期限的商业汇票，到期日为7月31日，依此类推。

带息应收票据到期收回款项时，应按收到的本息，借记"银行存款"科目，按账面余额，贷记"应收票据"科目，按其差额（未计提利息部分），贷记"财务费用"科目。

应收票据

① 取得（收到）承兑的商业汇票时 ② 带息票据计息时	① 承兑的商业汇票到期时 ② 承兑的商业汇票因贴现背书转让而减少时
余：企业持有的尚未到期的票据本息	

【例3-6】兴隆公司于2022年9月1日收到昌和公司当日开出的商业承兑汇票一张以抵前欠货款，面值为120 000元，票面利率为6%，期限为6个月。兴隆公司应作如下账务处理：

（1）2022年9月1日收到票据时：

记 账 凭 证

2022 年 9 月 1 日   第 ××× 号

摘要	会计科目		借方金额	贷方金额	账页或√
			千百十万千百十元角分	千百十万千百十元角分	
收到票据	应收票据	昌和公司	1 2 0 0 0 0 0 0		
	应收账款	昌和公司		1 2 0 0 0 0 0 0	
	合计		1 2 0 0 0 0 0 0	1 2 0 0 0 0 0 0	

会计主管：李俊　　记账：张华　　审核：李俊　　制单：小琴

借：应收票据——昌和公司　　　　　　　120 000
　贷：应收账款——昌和公司　　　　　　　　　120 000

（2）2022 年 12 月 31 日，年终计提 4 个月利息时：

票据利息 =120 000×6%÷12×4＝2 400（元）

记 账 凭 证

2022 年 12 月 31 日   第 ××× 号

摘要	会计科目		借方金额	贷方金额	账页或√
			千百十万千百十元角分	千百十万千百十元角分	
计提利息	应收票据	昌和公司	2 4 0 0 0 0		
	财务费用			2 4 0 0 0 0	
	合计		2 4 0 0 0 0	2 4 0 0 0 0	

会计主管：李俊　　记账：张华　　审核：李俊　　制单：小琴

借：应收票据——昌和公司　　　　　　　　　　　2 400
　　贷：财务费用　　　　　　　　　　　　　　　　　2 400

（3）2023年3月1日，票据到期收回款项时：

收款金额=120 000×（1+6%÷12×6）=123 600（元）

2023年1～2月应计提的票据利息=120 000×6%÷12×2=1 200（元）

记 账 凭 证

2023年3月1日　　　　　　　　　　　第×××号

摘要	会计科目		借方金额 千百十万千百十元角分	贷方金额 千百十万千百十元角分	账页 或√
票据到期收回款项	银行存款		1 2 3 6 0 0 0 0		
	应收票据	昌和公司		1 2 2 4 0 0 0 0	
	财务费用			1 2 0 0 0 0	
	合计		1 2 3 6 0 0 0 0	1 2 3 6 0 0 0 0	

会计主管：李俊　　　　记账：张华　　　　审核：李俊　　　　制单：小琴

借：银行存款　　　　　　　　　　　　　　　　　123 600
　　贷：应收票据——昌和公司　　　　　　　　　　　122 400
　　　　财务费用　　　　　　　　　　　　　　　　　1 200

【例3-7】华泰公司2022年9月1日销售一批产品给和谐公司，货已发出，发票上注明的销售收入为200 000元，增值税税额26 000元。收到和谐公司交来的商业承兑汇票一张，期限为6个月，票面利率为5%。华泰公司应作如下账务处理：

47

(1) 2022年9月1日，收到票据时：

记 账 凭 证

2022年9月1日　　　　　　　　第×××号

摘要	会计科目		借方金额 千百十万千百十元角分	贷方金额 千百十万千百十元角分	账页或√
收到票据	应收票据	和谐公司	2 2 6 0 0 0 0 0		
	主营业务收入			2 0 0 0 0 0 0 0	
	应交税费	应交增值税（销项税额）		2 6 0 0 0 0 0	
合计			2 2 6 0 0 0 0 0	2 2 6 0 0 0 0 0	

会计主管：李俊　　　记账：张华　　　审核：李俊　　　制单：小琴

借：应收票据——和谐公司　　　　　　　226 000
　贷：主营业务收入　　　　　　　　　　　　200 000
　　　应交税费——应交增值税（销项税额）　26 000

(2) 2022年12月31日，年终计提票据利息时：

应收利息 = 226 000 × 5% ÷ 12 × 4 = 3 766.7（元）

记 账 凭 证

2022 年 12 月 31 日　　　　　　第 ××× 号

摘要	会计科目		借方金额 千百十万千百十元角分	贷方金额 千百十万千百十元角分	账页或√
计提利息	应收票据	和谐公司	3 7 6 6 7 0		
	财务费用			3 7 6 6 7 0	
	合计		3 7 6 6 7 0	3 7 6 6 7 0	

会计主管：李俊　　　记账：张华　　　审核：李俊　　　制单：小琴

　　借：应收票据——和谐公司　　　　　　　3 766.7
　　　贷：财务费用　　　　　　　　　　　　　　　　3 766.7

（3）2023 年 3 月 1 日，票据到期收回货款时：

票据到期收款金额 =226 000×（1+5%÷12×6）=118 650（元）

2023 年 1～2 月应计票据利息 =226 000×5%÷12×2=1 883.3（元）

记 账 凭 证

2023 年 3 月 1 日　　　　　　第 ××× 号

摘要	会计科目		借方金额 千百十万千百十元角分	贷方金额 千百十万千百十元角分	账页或√
票据到期收回货款	银行存款		1 1 8 6 5 0 0 0		
	应收票据	和谐公司		1 1 6 7 6 6 7 0	

续表

摘要	会计科目	借方金额 千百十万千百十元角分	贷方金额 千百十万千百十元角分	账页或√
	财务费用		1 8 8 3 3 0	
	合计	1 1 8 6 5 0 0 0	1 1 8 6 5 0 0 0	

会计主管：李俊　　　记账：张华　　　审核：李俊　　　制单：小琴

　　借：银行存款　　　　　　　　　　　　　118 650
　　　贷：应收票据——和谐公司　　　　　　　116 766.7
　　　　　财务费用　　　　　　　　　　　　　1 883.3

三、应收票据的转让

　　企业可以将自己持有的商业汇票背书转让。背书是指在票据背面或者粘单上记载有关事项并签章的票据行为。票据被拒绝承兑、拒绝付款或者超过付款提示期限的，不得背书转让。背书转让的，背书人应当承担票据责任。

　　企业将持有的应收票据背书转让，以取得所需物资时，按应计入取得物资成本的价值，借记"在途物资"或"原材料""库存商品"等科目，按专用发票上注明的增值税税额，借记"应交税费——应交增值税（进项税额）"科目，按应收票据的账面余额，贷记"应收票据"科目，如有差额，借记或贷记"银行存款"等科目。

　　如为带息应收票据，企业将持有的应收票据背书转让，以取得所需物资时，按应计入取得物资成本的价值，借记"物资采购"或"原材料""库存商品"等科目，按专用发票上注明的增值税税额，借记"应交税费——应交增值税（进项税额）"科目，按应收票据的账面余额，贷记"应收票据"科目，按尚未计提的利息，贷记"财务费用"科目，按应收或应付的金额，借记或贷记"银行存款"等科目。

【例 3-8】2022 年 5 月 15 日,华泰公司将票面价值为 1 755 000 元的应收票据背书转让,以取得生产经营所需的甲材料,该材料价值 1 500 000 元,适用增值税税率为 13%。应作如下会计处理:

记 账 凭 证

2022 年 5 月 15 日　　　　　　　　　　第 ×××号

摘要	会计科目		借方金额	贷方金额	账页或√
			千百十万千百十元角分	千百十万千百十元角分	
票据转让	原材料	甲材料	1 5 0 0 0 0 0 0 0		
	应交税费	应交增值税（进项税额）	1 9 5 0 0 0 0 0		
	应收票据			1 6 9 5 0 0 0 0 0	
	合计		1 6 9 5 0 0 0 0 0	1 6 9 5 0 0 0 0 0	

会计主管：李俊　　　　记账：张华　　　　审核：李俊　　　　制单：小琴

借：原材料——甲材料　　　　　　　　　　　　　1 500 000
　　应交税费——应交增值税（进项税额）　　　　195 000
　　贷：应收票据　　　　　　　　　　　　　　　　1 695 000

四、应收票据的贴现

应收票据贴现是指持票人因急需资金,将未到期的商业汇票背书后转让给银行,银行受理后,从票面金额中扣除按银行的贴现率计算确定的贴现息

51

后，将余额付给贴现企业的业务活动。在贴现中，企业付给银行的利息称为贴现利息，银行计算贴现利息的利率称为贴现率，按照中国人民银行《支付结算办法》的规定，企业从银行获得的票据到期值扣除贴现日至汇票到期前一日的利息后的货币收入，称为贴现所得。

带息应收票据的到期值，是其面值加上按票据载明的利率计算的票据全部期间的利息；不带息应收票据的到期值就是其面值。

贴现期 = 票据期限 − 企业已持有票据期限

贴现利息 = 票据到期值 × 贴现率 × 贴现期

贴现所得 = 票据到期值 − 贴现利息

企业持未到期的应收票据向银行贴现，应按扣除其贴现利息后的净额，借记"银行存款"科目，按贴现利息部分，借记"财务费用"科目，按应收票据的面值，贷记"应收票据"科目。如为带息应收票据，按实际收到金额，借记"银行存款"科目，按应收票据的账面价值，贷记"应收票据"科目，按其差额，借记或贷记"财务费用"科目。

如果贴现的商业承兑汇票到期，承兑人的银行账户不足支付，银行即将已贴现的票据退回申请贴现的企业，同时从贴现企业的账户中将票据款划回。此时，贴现企业应按所付票据本息转作"应收账款"，借记"应收账款"科目，贷记"银行存款"科目。如果申请贴现企业的银行存款账户余额不足，银行将作为逾期贷款处理，贴现企业应借记"应收账款"科目，贷记"短期借款"科目。

在会计上，企业应根据贴现的商业汇票是否带有追索权分别采用不同的方法处理。

企业将未到期的应收票据向银行贴现，应按扣除其贴现利息后的净额，借记"银行存款"科目，按贴现利息部分，借记"财务费用"科目，按应收票据的账面价值，贷记"应收票据"或"短期借款"科目。

【例3-9】兴隆公司2022年10月31日销售货物一批，销售收入为1 600 000元，增值税税额为208 000元，收到商业承兑汇票一张。汇票签发承兑日为10月31日，期限90天，年利率为9%，到期日为2023年1月29日，贴现日为2022年11月30日，贴现年利率为7.2%。计算票据到期利息、票据到期值、贴现利息和贴现金额。

票据到期利息 =1 808 000×9%×90/360 = 40 680（元）

票据到期值 =1 808 000+40 680 = 1 848 680（元）

贴现利息 =1 848 680×7.2%×60/360 = 2 218.416（元）

贴现金额 =1 848 680-2 218.416 = 1 846 461.584（元）

【例3-10】2012年3月1日，华泰公司销售一批商品给明光公司，售价10 000元，增值税税率13%，收到3月1日签发的3个月期的不带息应收票据一张。因资金紧张，于4月1日到银行贴现，银行贴现率12%。该票据到期值、贴现利息和贴现金额以及相关的账务处理如下：

（1）计算票据到期值、贴现利息和贴现金额：

应收票据到期值 = 面值 = 10 000（元）

应收票据贴现利息 =10 000×12%×2/12 = 200（元）

应收票据贴现所得 =10 000-200 = 9 800（元）

（2）相关账务处理：

带追索权的账务处理：

记 账 凭 证

2012年3月1日　　　　　　　　　　第×××号

摘要	会计科目	借方金额										贷方金额										账页或√
		千	百	十	万	千	百	十	元	角	分	千	百	十	万	千	百	十	元	角	分	
票据贴现	银行存款					9	8	0	0	0	0											
	财务费用							2	0	0	0											
	短期借款														1	0	0	0	0	0	0	
	合计				1	0	0	0	0	0	0				1	0	0	0	0	0	0	

会计主管：李俊　　　　记账：张华　　　　审核：李俊　　　　制单：小琴

借：银行存款　　　　　　　　　　　　　　　　　9 800
　　财务费用　　　　　　　　　　　　　　　　　　200
　　贷：短期借款　　　　　　　　　　　　　　　　　　10 000

不带追索权的账务处理：

记 账 凭 证

2012年3月1日　　　　　　　　　　　　　　第×××号

摘要	会计科目	借方金额 千百十万千百十元角分	贷方金额 千百十万千百十元角分	账页 或√
票据贴现	银行存款	9 8 0 0 0 0		
	财务费用	2 0 0 0 0		
	应收票据	明光公司	1 0 0 0 0 0 0	
	合计	1 0 0 0 0 0 0	1 0 0 0 0 0 0	

会计主管：李俊　　　记账：张华　　　审核：李俊　　　制单：小琴

借：银行存款　　　　　　　　　　　　　　　　　9 800
　　财务费用　　　　　　　　　　　　　　　　　　200
　　贷：应收票据——明光公司　　　　　　　　　　　10 000

【例3-11】2022年4月20日，兴隆公司将其持有的一张商业票据向银行贴现，且银行拥有追索权。该票据是3月20日开出，面值为10 000元，不带息，期限为6个月。银行贴现率为12%。该公司4月20日票据贴现，取得款项时的账务处理如下：

应收票据贴现利息=10 000×12%÷12×5=500（元）

应收票据贴现净值=10 000-500=9 500（元）

记 账 凭 证

2022年4月20日　　　　　　　　　第×××号

摘要	会计科目	借方金额 千百十万千百十元角分	贷方金额 千百十万千百十元角分	账页或√
票据贴现	银行存款	9 5 0 0 0 0		
	财务费用	5 0 0 0 0		
	短期借款		1 0 0 0 0 0 0	
	合计	1 0 0 0 0 0 0	1 0 0 0 0 0 0	

会计主管：李俊　　　记账：张华　　　审核：李俊　　　制单：小琴

借：银行存款　　　　　　　　　　9 500
　　财务费用　　　　　　　　　　　 500
　　贷：短期借款　　　　　　　　　　　　10 000

【例3-12】综合例题

2022年3月5日，华泰公司销售一批商品给利民公司，售价20 000元，增值税税率13%，收到3个月期的不带息应收票据一张。3月25日，华泰公司将上述应收票据背书转让给兴隆公司，以取得生产经营所需的A种材料，该材料价款为20 000元，适用的增值税税率为13%。5月15日，兴隆公司将其持有的该商业票据向银行贴现，且银行拥有追索权，银行贴现率为12%。要求编制相应会计分录。

（1）3月5日，华泰公司销售商品给利民公司，收到应收票据：

记 账 凭 证

2022 年 3 月 5 日　　　　　　　　　　　　　　　第×××号

摘要	会计科目		借方金额	贷方金额	账页或√
			千百十万千百十元角分	千百十万千百十元角分	
销售商品给利民公司	应收票据	利民公司	2 2 6 0 0 0 0 0		
	主营业务收入			2 0 0 0 0 0 0 0	
	应交税费	应交增值税（销项税额）		2 6 0 0 0 0 0	
合计			2 2 6 0 0 0 0 0	2 2 6 0 0 0 0 0	

会计主管：李俊　　　记账：张华　　　审核：李俊　　　制单：小琴

借：应收票据——利民公司　　　　　　　　　　　226 000
贷：主营业务收入　　　　　　　　　　　　　　　200 000
　　应交税费——应交增值税（销项税额）　　　　26 000

（2）3月25日，华泰公司将上述应收票据背书转让给兴隆公司以购买原材料：

记 账 凭 证

2022 年 3 月 25 日 　　　　　　　　　　第 ×××号

摘要	会计科目	借方金额 千百十万千百十元角分	贷方金额 千百十万千百十元角分	账页或√
将票据背书转让给兴隆公司	原材料	2 0 0 0 0 0 0 0		
	应交税费应交增值税（进项税额）	2 6 0 0 0 0 0		
	应收票据		2 2 6 0 0 0 0 0	
	合计	2 2 6 0 0 0 0 0	2 2 6 0 0 0 0 0	

会计主管：李俊　　　记账：张华　　　审核：李俊　　　制单：小琴

　　借：原材料　　　　　　　　　　　　　　　　200 000
　　　　应交税费——应交增值税（进项税额）　　 26 000
　　贷：应收票据　　　　　　　　　　　　　　　　　　226 000

（3）5 月 15 日，兴隆公司向银行贴现：

应收票据到期值 = 面值 = 226 000（元）

应收票据贴现利息 = 226 000×12%×1/12 = 2 260（元）

应收票据贴现所得 = 226 000-2 260 = 223 740（元）

记 账 凭 证

2022 年 5 月 15 日　　　　　　　　　第 ×××号

摘要	会计科目	借方金额 千百十万千百十元角分	贷方金额 千百十万千百十元角分	账页或√
票据贴现	银行存款	２２３７４０００		
	财务费用	２２６０００		
	短期借款		２２６０００００	
	合计	２２６０００００	２２６０００００	

会计主管：李俊　　　记账：张华　　　审核：李俊　　　制单：小琴

借：银行存款　　　　　　　　　　　　　223 740
　　财务费用　　　　　　　　　　　　　　2 260
　贷：短期借款　　　　　　　　　　　　226 000

第三节　预付账款

一、预付账款概述

预付账款是指企业按照购货合同规定预付给供应单位的款项。预付账款是企业暂时被供货单位占用的资金。企业预付货款后，有权要求对方按照购货合同规定发货。预付账款必须以购销双方签订的购货合同为条件，按照规定的程序和方法进行核算。

为了反映和监督预付账款的增减变动情况，企业应设置"预付账款"科目，借方登记预付的款项和补付的款项，贷方登记收到采购货物时按发票金额冲销的预付账款数和因预付货款多余而退回的款项，期末余额一般在借方，反映企业实际预付的款项。

预付款项不多的企业，可以不设"预付账款"科目，而直接在"应付账款"科目核算。但在编制"资产负债表"时，应当将"预付账款"和"应付账款"项目的金额分别反映。

预付账款

①预付货物款时 ②补付货款时	①收到预付货款所购物品时 应冲转的款项 ②收到退回的多付的款项
余：已预付尚未结转的款项（实际预付）	（余：应付而未付的款项，即尚未补付的款项）

二、预付账款的计量

预付账款的核算包括预付款项和收回货物两个方面。

（1）预付款项的会计处理。根据购货合同的规定向供应单位预付款项时，借记"预付账款"科目，贷记"银行存款"科目。

（2）收回货物的会计处理。企业收到所购货物时，根据有关发票账单金额，借记"原材料"或"在途物资""应交税费——应交增值税（进项税额）"等科目，贷记"预付账款"科目；当预付货款小于采购货物所需支付的款项时，应将不足部分补付，借记"预付账款"科目，贷记"银行存款"科目；当预付货款大于采购货物所需支付的款项时，对收回的多余款项应借记"银行存款"科目，贷记"预付账款"科目。

【例3-13】2022年10月7日，兴隆公司从利民公司采购材料，按合同规定预付款项为30 000元，以银行存款支付。编制会计分录如下：

记 账 凭 证

2022年10月7日　　　　　　　第×××号

摘要	会计科目		借方金额	贷方金额	账页或√
			千百十万千百十元角分	千百十万千百十元角分	
采购材料	预付账款	利民公司	3 0 0 0 0 0 0		
	银行存款			3 0 0 0 0 0 0	
	合计		3 0 0 0 0 0 0	3 0 0 0 0 0 0	

会计主管：李俊　　　记账：张华　　　审核：李俊　　　制单：小琴

借：预付账款——利民公司　　　　　　　30 000
　贷：银行存款　　　　　　　　　　　　30 000

【例3-14】接【例3-13】，10月20日，收到材料和单据后，材料价款45 000元，增值税5 850元。编制会计分录如下：

记 账 凭 证

2022年10月20日　　　　　　　第×××号

摘要	会计科目		借方金额	贷方金额	账页或√
			千百十万千百十元角分	千百十万千百十元角分	
收到材料和单据	原材料		4 5 0 0 0 0 0		
	应交税费	应交增值税（进项税额）	5 8 5 0 0 0		
	预付账款	利民公司		5 0 8 5 0 0 0	
	合计		5 0 8 5 0 0 0	5 0 8 5 0 0 0	

会计主管：李俊　　　记账：张华　　　审核：李俊　　　制单：小琴

借：原材料 45 000
　　应交税费——应交增值税（进项税额） 5 850
　　贷：预付账款——利民公司 50 850

【例3-15】接【例3-14】，11月11日，用银行存款补付欠利民公司的货款20 850元。编制会计分录如下：

记 账 凭 证

2022年11月11日　　　　　　　　　　第×××号

摘要	会计科目		借方金额	贷方金额	账页或√
			千百十万千百十元角分	千百十万千百十元角分	
补付货款	预付账款	利民公司	２０８５０００		
	银行存款			２０８５０００	
	合计		２０８５０００	２０８５０００	

会计主管：李俊　　　记账：张华　　　审核：李俊　　　制单：小琴

借：预付账款——利民公司 20 850
　　贷：银行存款 20 850

第四节 其他应收款

一、其他应收款概述

其他应收款是指除应收票据、应收账款、预付账款以外的其他各种应收、暂付款项。主要包括：①应收的各种赔款、罚款，如因企业财产等遭受意外损失而应向保险公司收取的赔款等。②应收的出租包装物租金。③应向职工收取的各种垫付款项，如为职工垫付的水电费。应由职工负担的医药费、房租费等。④备用金，如向企业各有关部门拨出的备用金。⑤存出保证金，如租入包装物支付的押金。⑥预付账款转入。⑦其他各种应收、暂付款项等。

备用金和定额预付制备用金是企业预付给职工和企业内部有关单位做差旅费、零星采购、零星开支等用途的款项。

定额预付制是备用金管理的一种常见形式，主要适用于经常使用备用金的单位和个人。在定额预付制下，报销时由财会部门对各项原始凭证进行审核，根据核定的报销数付给现金，补足备用金定额。除收回备用金或备用金定额变动外，账面上的备用金将经常保持核定的备用金定额是定额预付制的主要核算特点。

二、其他应收款的核算

企业应设置"其他应收款"科目对其他应收款进行核算。该科目属资产类科目，借方登记发生的各种其他应收款，贷方登记企业收到的款项和结转情况，余额一般在借方，表示应收未收的其他应收款项。企业应在"其他应收款"科目下，按债务人设置明细科目，进行明细核算。

实行定额备用金制度的企业，对于领用的备用金应当定期向财务会计部门报销。财务会计部门根据报销数用现金补足备用金定额时，借记"管理费用"等科目，贷记"库存现金"或"银行存款"科目，报销数和拨补数都不再通过"其他应收款"科目核算。

企业发生备用金以外的其他应收款时，借记"其他应收款"科目，贷记"库存现金""银行存款""营业外收入"等科目；收回备用金以外的其他应收款时，借记"库存现金""银行存款""应付职工薪酬"等科目，贷记"其他应收款"科目。

其他应收款

发生其他应收款	收回或结清其他应收款
余：尚未结转的其他应收款	

（一）备用金的账务处理

备用金是指企业报给单位内部各职能科室用作零星开支的备用现金。备用金的核算通过在"其他应收款"账户下设置明细账户"备用金"进行。

【例3-16】兴隆公司对备用金采取定额预付制。2022年5月发生如下业务：

（1）5日，设立管理部门定额备用金，由李红负责管理。管理部门的定额备用金核定定额为1 000元，财务科开出现金支票。编制会计分录如下：

借：其他应收款——备用金（李红）　　1 000
　　贷：银行存款　　　　　　　　　　　　　　1 000

记 账 凭 证

2022 年 5 月 5 日　　　　　　　　　第 ×××号

摘要	会计科目		借方金额 千百十万千百十元角分	贷方金额 千百十万千百十元角分	账页或√
设立备用金	其他应收款	备用金（李红）	１０００００		
	银行存款			１０００００	
	合计		１０００００	１０００００	

会计主管：李俊　　　记账：张华　　　审核：李俊　　　制单：小琴

（2）16 日，李红交来普通发票 620 元，报销管理部门购买办公用品的支出，财务科以现金补足该定额备用金。

记 账 凭 证

2022 年 5 月 16 日　　　　　　　　　第 ×××号

摘要	会计科目		借方金额 千百十万千百十元角分	贷方金额 千百十万千百十元角分	账页或√
报销办公用品支出	管理费用	办公费	６２０００		
	库存现金			６２０００	
	合计		６２０００	６２０００	

会计主管：李俊　　　记账：张华　　　审核：李俊　　　制单：小琴

借：管理费用——办公费　　　　　　　　　　　　　620
　　贷：库存现金　　　　　　　　　　　　　　　　　　　620

（3）22日，经批准减少管理部门定额备用金的核定定额200元，李红将200元现金交回财务科。

记 账 凭 证

2022年5月22日　　　　　　　　　　　　　　第×××号

摘要	会计科目		借方金额 千百十万千百十元角分	贷方金额 千百十万千百十元角分	账页 或√
减少备用金	库存现金		２００００		
	其他应收款	备用金（李红）		２０００００	
	合计		２０００００	２０００００	

会计主管：李俊　　　　记账：张华　　　　审核：李俊　　　　制单：小琴

借：库存现金　　　　　　　　　　　　　　　　　　200
　　贷：其他应收款——备用金（李红）　　　　　　　　200

（4）30日，由于机构变动，经批准撤销管理部门定额备用金，李红交回购买办公用品支出的普通发票500元及现金300元。

65

记 账 凭 证

2022 年 5 月 30 日　　　　　　　　　　第 ××× 号

摘要	会计科目	借方金额 千百十万千百十元角分	贷方金额 千百十万千百十元角分	账页或√
交回发票和现金	管理费用	5 0 0 0 0		
	库存现金	3 0 0 0 0		
其他应收款	备用金（李红）		8 0 0 0 0	
合计		8 0 0 0 0	8 0 0 0 0	

会计主管：李俊　　　记账：张华　　　审核：李俊　　　制单：小琴

　　借：管理费用　　　　　　　　　　　　　　　　500
　　　　库存现金　　　　　　　　　　　　　　　　300
　　贷：其他应收款——备用金（李红）　　　　　　800

（二）暂付款的账务处理

暂付款是指企业暂付给其他单位或个人，以后根据具体情况收回和报销的款项。以下以差旅费为例说明暂付款的会计处理。

【例 3-17】2022 年 5 月 15 日，华泰公司总经理赵大山出差预借差旅费 2 000 元，开出现金支票支付。

记 账 凭 证

2022 年 5 月 15 日　　　　　　　　第 ×××号

摘要	会计科目		借方金额									贷方金额									账页或√
			千	百	十	万	千	百	十	元	角	分	千	百	十	万	千	百	十	元	角	分	
预借差旅费	其他应收款	赵大山				2	0	0	0	0	0											
	银行存款															2	0	0	0	0	0	
	合计					2	0	0	0	0	0					2	0	0	0	0	0	

会计主管：李俊　　　记账：张华　　　审核：李俊　　　制单：小琴

　　借：其他应收款——赵大山　　　　　　2 000
　　　　贷：银行存款　　　　　　　　　　　　　2 000

【例 3-18】2022 年 5 月 25 日，赵大山出差归来报账，共报销差旅费 2 100 元。

记 账 凭 证

2022 年 5 月 25 日　　　　　　　　第 ×××号

摘要	会计科目		借方金额									贷方金额									账页或√
			千	百	十	万	千	百	十	元	角	分	千	百	十	万	千	百	十	元	角	分	
报销差旅费	管理费用	差旅费				2	1	0	0	0	0											
	其他应收款	赵大山														2	0	0	0	0	0	

67

续表

摘要	会计科目	借方金额 千百十万千百十元角分	贷方金额 千百十万千百十元角分	账页或√
	库存现金		1 0 0 0 0	
	合计	2 1 0 0 0 0	2 1 0 0 0 0	

会计主管：李俊　　　记账：张华　　　审核：李俊　　　制单：小琴

借：管理费用——差旅费　　　　　　　2 100
　贷：其他应收款——赵大山　　　　　　　2 000
　　　库存现金　　　　　　　　　　　　　100

（三）为职工垫付应收款的账务处理

为职工垫付应收款，是指企业为职工代垫房租、水电费，为其家属垫付医药费等款项。具体会计处理如下：

（1）为职工垫付房租、水电费时：

借：其他应收款
　贷：银行存款

（2）期末从应付工资中扣除代垫款项时：

借：应付职工薪酬
　贷：其他应收款

（四）存出保证金的账务处理

存出保证金是指企业租入包装物和其他资产时，向对方支付的保证金和押金等。现以租入包装物为例，说明存出保证金的账务处理。

【例3-19】2022年7月9日,兴隆公司随商品购进租入包装物一批,支出押金3 000元。

记 账 凭 证

2022年7月9日　　　　　　　　　第×××号

摘要	会计科目		借方金额										贷方金额										账页或√
			千	百	十	万	千	百	十	元	角	分	千	百	十	万	千	百	十	元	角	分	
租包装物支出押金	其他应收款	存出保证金				3	0	0	0	0	0												
	银行存款															3	0	0	0	0	0		
	合计					3	0	0	0	0	0					3	0	0	0	0	0		

会计主管:李俊　　　记账:张华　　　审核:李俊　　　制单:小琴

　　借:其他应收款——存出保证金　　　　　　　　　3 000
　　　　贷:银行存款　　　　　　　　　　　　　　　　　3 000

【例3-20】2022年7月20日,兴隆公司归还租入包装物,收回押金:

记 账 凭 证

2022 年 7 月 20 日　　　　　　　　　第 ×××号

摘要	会计科目		借方金额 千百十万千百十元角分	贷方金额 千百十万千百十元角分	账页或√
收回押金	银行存款		3 0 0 0 0 0		
	其他应收款	存出保证金		3 0 0 0 0 0	
合计			3 0 0 0 0 0	3 0 0 0 0 0	

会计主管：李俊　　　　记账：张华　　　　审核：李俊　　　　制单：小琴

借：银行存款　　　　　　　　　　　　　　　　3 000
　　贷：其他应收款——存出保证金　　　　　　　　3 000

（五）应收租金、赔款、罚款存出保证金的账务处理

应收租金的会计处理：
　　借：其他应收款——应收租金
　　　　贷：其他业务收入

应收赔款、罚款的会计处理：
　　借：其他应收款——××
　　　　贷：营业外收入

企业其他应收款与其他单位的资产交换，或者以其他资产换入其他单位的其他应收款等，比照"应收账款"科目的相关核算规定进行会计处理。

企业应当定期或者至少每年年度终了，对其他应收款进行检查，预计其可能发生的坏账损失，并计提坏账准备。企业对于不能收回的其他应收款应当查明原因，追究责任。对确实无法收回的，按照企业的管理权限，经股东大会或董事会，或经理（厂长）会议或类似机构批准作为坏账损失，冲销提取的坏账准备。

经批准作为坏账的其他应收款，借记"坏账准备"科目，贷记"其他应收款"科目。已确认并转销的坏账损失，如果以后又收回，按实际收回的金额，借记"其他应收款"科目，贷记"坏账准备"科目；同时，借记"银行存款"科目，贷记"其他应收款"科目。"其他应收款"科目应按其他应收款的项目分类，并按不同的债务人设置明细账，进行明细核算。"其他应收款"科目期末借方余额，反映企业尚未收回的其他应收款。

复习思考题

（1）带息票据计算利息时票据期限如何确定？
（2）应收票据贴现所得如何计算？
（3）应收账款的内容有哪些？何时可以确认？
（4）企业采用备抵法进行坏账核算时，估计坏账损失的方法有哪些？
（5）其他应收款核算哪些内容？如何确认？

第四章
应付及预收款项业务办理

第一节　应付账款

一、应付账款概述

应付账款是指企业因购买材料、商品或接受劳务供应等应支付给供应单位的款项。应付账款，一般应在与所购买物资所有权相关的主要风险和报酬已经转移，或者所购买的劳务已经接受时确认。在实务工作中，为了使所购入物资的金额、品种、数量和质量等与合同规定的条款相符，避免因验收时发现所购物资存在数量或质量问题而对入账的物资或应付账款金额进行改动，在物资和发票账单同时到达的情况下，一般在所购物资验收入库后，再根据发票账单登记入账，确认应付账款。在所购物资已经验收入库，但是发票账单未能同时到达的情况下，企业应付物资供应单位的债务已经成立，在会计期末，为了反映企业的负债情况，需要将所购物资和相关的应付账款暂估入账，待下月初再用红字予以冲回。

二、应付账款确认

企业应通过"应付账款"科目，核算应付账款的发生、偿还、转销等情况。该科目贷方登记企业购买材料、商品和接受劳务等而发生的应付账款，借方登记偿还的应付账款，或开出商业汇票抵付应付账款的款项，或已冲销的无法支付的应付账款。余额一般在贷方，表示企业尚未支付的应付账款余额。本科目一般应按照债权人设置明细科目进行明细核算。

应付账款	
①偿还时 ②用商业汇票抵付 ③无法支付转销时	发生应付而未付的款项时
	余：尚未支付的应付款

应付账款的处理主要涉及以下环节：

（一）发生应付账款

企业购入材料、商品或接受劳务等所产生的应付账款，应按应付金额入账。购入材料、商品等验收入库，但货款尚未支付，根据有关凭证（发票账单、随货同行发票上记载的实际价款或暂估价值），借记"材料采购""在途物资"等科目，按可抵扣的增值税税额，借记"应交税费——应交增值税（进项税额）"科目，按应付的价款，贷记"应付账款"科目。企业接受供应单位提供劳务而发生的应付未付款项，根据供应单位的发票账单，借记"生产成本""管理费用"等科目，贷记"应付账款"科目。

应付账款附有现金折扣的，应按照扣除现金折扣前的应付款总额入账。因在折扣期限内付款而获得的现金折扣，应在偿付应付账款时冲减财务费用。

【例4-1】华泰公司为增值税一般纳税人。2022年6月1日，华泰公司从和谐公司购入一批材料，货款为100 000元，增值税税额为13 000元，对方代垫运杂费1 000元。材料已运到并验收入库（该企业材料按实际成本计价核算），款项尚未支付。华泰公司的有关会计分录如下：

记 账 凭 证

2022年6月1日　　　　　　　　　　第×××号

摘要	会计科目		借方金额	贷方金额	账页或√
			千百十万千百十元角分	千百十万千百十元角分	
购入材料	原材料		1 0 1 0 0 0 0 0		
	应交税费	应交增值税（进项税额）	1 3 0 0 0 0 0		
	应付账款	和谐公司		1 1 4 0 0 0 0 0	
	合计		1 1 4 0 0 0 0 0	1 1 4 0 0 0 0 0	

会计主管：李俊　　　记账：张华　　　审核：李俊　　　制单：小琴

借：原材料　　　　　　　　　　　　　　　　　　101 000
　　应交税费——应交增值税（进项税额）　　　　13 000
　　贷：应付账款——和谐公司　　　　　　　　　　　114 000

（二）偿还应付账款

企业偿还应付账款或开出商业汇票抵付应付账款时，借记"应付账款"科目，贷记"银行存款""应付票据"等科目。

【例 4-2】华泰公司 2022 年 6 月 5 日向昌和公司购进材料一批，价款为 20 000 元，增值税税额为 2 600 元，材料已验收入库款项尚未支付。假设不考虑现金折扣。6 月 10 日以银行存款偿还该款项。其账务处理如下：

（1）应付账款发生时：

记 账 凭 证

2022 年 6 月 5 日　　　　　　　　　第 ×××号

摘要	会计科目		借方金额	贷方金额	账页或√
			千百十万千百十元角分	千百十万千百十元角分	
购进材料	原材料		2 0 0 0 0 0 0		
	应交税费	应交增值税（进项税额）	2 6 0 0 0 0		
	应付账款	昌和公司		2 2 6 0 0 0 0	
	合计		2 2 6 0 0 0 0	2 2 6 0 0 0 0	

会计主管：李俊　　　记账：张华　　　审核：李俊　　　制单：小琴

借：原材料 20 000
　　应交税费——应交增值税（进项税额） 2 600
　　贷：应付账款——昌和公司 22 600

（2）应付账款偿还时：

记 账 凭 证

2022年6月10日　　　　　　　　　第×××号

摘要	会计科目		借方金额	贷方金额	账页或√
			千百十万千百十元角分	千百十万千百十元角分	
偿还应付账款	应付账款	昌和公司	2 2 6 0 0 0 0		
	银行存款			2 2 6 0 0 0 0	
	合计		2 2 6 0 0 0 0	2 2 6 0 0 0 0	

会计主管：李俊　　　记账：张华　　　审核：李俊　　　制单：小琴

借：应付账款——昌和公司 22 600
　　贷：银行存款 22 600

【例4-3】兴隆公司2022年5月12日向利民公司购入材料一批，价款为30 000元，增值税税额为3 900元，材料已验收入库，款项尚未支付，付款条件为"2/10，N/30"，现金折扣按照价税和计算。按照总价法要求应作如下账务处理：

（1）应付账款发生时：

记 账 凭 证

2022 年 5 月 12 日　　　　　　　　第 ××× 号

摘要	会计科目		借方金额	贷方金额	账页或√
			千百十万千百十元角分	千百十万千百十元角分	
购进材料	原材料		3 0 0 0 0 0 0		
	应交税费	应交增值税（进项税额）	3 9 0 0 0 0		
	应付账款	利民公司		3 3 9 0 0 0 0	
	合计		3 3 9 0 0 0 0	3 3 9 0 0 0 0	

会计主管：李俊　　　记账：张华　　　审核：李俊　　　制单：小琴

借：原材料　　　　　　　　　　　　　　　　　　　30 000
　　应交税费——应交增值税（进项税额）　　　　　3 900
贷：应付账款——利民公司　　　　　　　　　　　　33 900

（2）如果于 2022 年 5 月 20 日以银行存款支付，则享受 2% 折扣：

记 账 凭 证

2022 年 5 月 20 日　　　　　　　　第 ××× 号

摘要	会计科目		借方金额	贷方金额	账页或√
			千百十万千百十元角分	千百十万千百十元角分	
支付应付账款	应付账款	利民公司	3 3 9 0 0 0 0		

续表

摘要	会计科目	借方金额 千百十万千百十元角分	贷方金额 千百十万千百十元角分	账页或√
	财务费用		6 7 8 0 0	
	银行存款		3 3 2 2 2 0 0	
	合计	3 3 9 0 0 0 0	3 3 9 0 0 0 0	

会计主管：李俊　　　记账：张华　　　审核：李俊　　　制单：小琴

借：应付账款——利民公司　　　　　　33 900
　　贷：财务费用　　　　　　　　　　　　678
　　　　银行存款　　　　　　　　　　　33 222

（3）如果于2022年5月25日以银行存款支付，则不享受折扣，需要全额付款：

记 账 凭 证

2022年5月25日　　　　　　　　　　第×××号

摘要	会计科目		借方金额 千百十万千百十元角分	贷方金额 千百十万千百十元角分	账页或√
支付应付账款	应付账款	利民公司	3 3 9 0 0 0 0		
	银行存款			3 3 9 0 0 0 0	
	合计		3 3 9 0 0 0 0	3 3 9 0 0 0 0	

会计主管：李俊　　　记账：张华　　　审核：李俊　　　制单：小琴

借：应付账款——利民公司　　　　　　　　　　33 900
　　贷：银行存款　　　　　　　　　　　　　　　　33 900

（三）转销应付账款

企业转销确实无法支付的应付账款（比如因债权人撤销等原因而产生无法支付的应付账款），应按其账面余额计入营业外收入，借记"应付账款"科目，贷记"营业外收入"科目。

【例4-4】2022年6月5日，兴隆公司确定一笔应付账款4 000元为无法支付的款项，应予转销。该企业的有关会计分录如下：

记 账 凭 证

2022年6月5日　　　　　　　　　　　　　第×××号

摘要	会计科目	借方金额 千百十万千百十元角分	贷方金额 千百十万千百十元角分	账页或√
转销应付账款	应付账款	4 0 0 0 0 0		
	营业外收入　其他		4 0 0 0 0 0	
	合计	4 0 0 0 0 0	4 0 0 0 0 0	

会计主管：李俊　　　记账：张华　　　审核：李俊　　　制单：小琴

借：应付账款　　　　　　　　　　　　　　　　4 000
　　贷：营业外收入——其他　　　　　　　　　　　4 000

【例 4-5】综合例题

华泰公司经税务部门核定为一般纳税人，存货按实际成本计价核算。2022年7月，该企业发生的材料采购等业务及相应的账务处理如下：

（1）7月5日，向江明公司购入甲材料一批，取得的增值税专用发票上注明的价款为 50 000 元，增值税税额为 6 500 元，江明公司代垫运杂费 1 000 元（不考虑增值税），发票账单等结算凭证已经收到，材料已验收入库，但货税款尚未支付（按照目前税制规定，企业外购货物所支付的运输费，可按7%的扣除率计算准予抵扣的增值税）。

记 账 凭 证

2022 年 7 月 5 日　　　　　　　　　第 ××× 号

摘要	会计科目		借方金额	贷方金额	账页或√
			千百十万千百十元角分	千百十万千百十元角分	
购进材料	原材料	甲材料	5 1 0 0 0 0 0		
	应交税费	应交增值税（进项税额）	6 5 0 0 0 0		
	应付账款	江明公司		5 7 5 0 0 0 0	
	合计		5 7 5 0 0 0 0	5 7 5 0 0 0 0	

会计主管：李俊　　　记账：张华　　　审核：李俊　　　制单：小琴

借：原材料——甲材料　　　　　　　　　　　　　51 000
　　应交税费——应交增值税（进项税额）　　　　6 500
　　贷：应付账款——江明公司　　　　　　　　　　　57 500

（2）7月12日，开出转账支票支付所欠江明公司货税款57 500元：

记 账 凭 证

2022年7月12日　　　　　　　　　　第×××号

摘要	会计科目		借方金额	贷方金额	账页或√
			千百十万千百十元角分	千百十万千百十元角分	
支付货税款	应付账款	江明公司	5 7 5 0 0 0 0		
	银行存款			5 7 5 0 0 0 0	
	合计		5 7 5 0 0 0 0	5 7 5 0 0 0 0	

会计主管：李俊　　　记账：张华　　　审核：李俊　　　制单：小琴

借：应付账款——江明公司　　　　57 500
　　贷：银行存款　　　　　　　　　　　　57 500

（3）7月15日，企业开出并承兑为期两个月不带息的商业汇票57 500元，交给供应商江明公司，以抵付上月购料所欠的货款：

记 账 凭 证

2022年7月15日　　　　　　　　　　第×××号

摘要	会计科目		借方金额	贷方金额	账页或√
			千百十万千百十元角分	千百十万千百十元角分	
开出商业汇票	应付账款	江明公司	5 7 5 0 0 0 0		
	应付票据	江明公司		5 7 5 0 0 0 0	
	合计		5 7 5 0 0 0 0	5 7 5 0 0 0 0	

会计主管：李俊　　　记账：张华　　　审核：李俊　　　制单：小琴

借：应付账款——江明公司　　　　　　　　　　　57 500
　　贷：应付票据——江明公司　　　　　　　　　　57 500

（4）7月20日，企业按有关规定转销确实无法支付的应付账款1 400元：

记 账 凭 证

2022年7月20日　　　　　　　　　　　　　第×××号

摘要	会计科目	借方金额 千百十万千百十元角分	贷方金额 千百十万千百十元角分	账页或√
转销应付账款	应付账款	1 4 0 0 0 0		
	营业外收入		1 4 0 0 0 0	
	合计	1 4 0 0 0 0	1 4 0 0 0 0	

会计主管：李俊　　　记账：张华　　　审核：李俊　　　制单：小琴

借：应付账款　　　　　　　　　　　　　　　　　1 400
　　贷：营业外收入　　　　　　　　　　　　　　　1 400

（5）7月26日，向利民公司购入甲材料10吨，材料已运到，并已验收入库，但发票账单等结算凭证尚未收到，货款未付（暂不作账务处理，可根据"材料入库单"登记原材料明细账的收入数量）。

（6）7月末，计算本月应付电费125 000元（不含税），其中：基本生产车间用于产品生产的电费为97 600元，基本生产车间照明用电费为5 400元，行政管理部门用电费为22 000元。电费尚未支付：

记 账 凭 证

2022 年 7 月 26 日　　　　　　　　　第 ×××号

摘要	会计科目		借方金额 千百十万千百十元角分	贷方金额 千百十万千百十元角分	账页或√
计提应付电费	生产成本	基本生产成本	9 7 6 0 0 0 0		
		制造费用	5 4 0 0 0 0		
	管理费用	昌和公司	2 2 0 0 0 0 0		
	应付账款	供电公司		1 2 5 0 0 0 0 0	
合计			1 2 5 0 0 0 0 0	1 2 5 0 0 0 0 0	

会计主管：李俊　　　记账：张华　　　审核：李俊　　　制单：小琴

借：生产成本——基本生产成本　　　　　　97 600
　　制造费用　　　　　　　　　　　　　　5 400
　　管理费用　　　　　　　　　　　　　　22 000
　贷：应付账款——供电公司　　　　　　　　　125 000

（7）7月末，仍未收到已于26日验收入库的10吨甲材料的发票账单等结算凭证，即按暂估价格每吨60 000元入账：

7月末，乙材料暂估入账时作：

记 账 凭 证

2022 年 7 月 ×× 日   第 ××× 号

摘要	会计科目		借方金额										贷方金额										账页或√
			千	百	十	万	千	百	十	元	角	分	千	百	十	万	千	百	十	元	角	分	
乙材料暂估入账	原材料	甲材料				6	0	0	0	0	0	0											
	应付账款	暂估应付款														6	0	0	0	0	0	0	
	合计					6	0	0	0	0	0	0				6	0	0	0	0	0	0	

会计主管：李俊　　记账：张华　　审核：李俊　　制单：小琴

借：原材料——甲材料　　　　　　　　　　　60 000
　　贷：应付账款——暂估应付账款　　　　　　　　60 000

8 月初，用红字将上述会计分录原账冲回：

记 账 凭 证

2022 年 8 月 ×× 日   第 ××× 号

摘要	会计科目		借方金额										贷方金额										账页或√
			千	百	十	万	千	百	十	元	角	分	千	百	十	万	千	百	十	元	角	分	
红字冲回	原材料	甲材料				6	0	0	0	0	0	0											
	应付账款	暂估应付款														6	0	0	0	0	0	0	
	合计					6	0	0	0	0	0	0				6	0	0	0	0	0	0	

会计主管：李俊　　记账：张华　　审核：李俊　　制单：小琴

借：原材料——甲材料　　　　　　　　　　　　60 000
　　贷：应付账款——暂估应付账款　　　　　　　　60 000

第二节　应付票据

一、应付票据概述

应付票据是指企业购买材料、商品和接受劳务供应等而开出、承兑的商业汇票，包括商业承兑汇票和银行承兑汇票。企业应当设置"应付票据备查簿"，详细登记商业汇票的种类、号数和出票日期、到期日、票面余额、交易合同号和收款人姓名或单位名称以及付款日期和金额等资料。应付票据到期结清时，应当在备查簿内予以注销。

应付票据的核算主要包括签发或承兑商业汇票、计提票据利息、支付票款等内容。企业应通过"应付票据"科目，核算应付票据的发生、偿付等情况。

1. 不带息商业汇票

不带息商业汇票按面值计价，其面值就是票据到期时的应付金额。开出并承兑的商业承兑汇票到期如果不能如期支付，应在票据到期时，将"应付票据"账面价值转入"应付账款"科目，待协商后再进行处理。如果重新签发新的票据以清偿原应付票据的，再从"应付账款"科目转入"应付票据"科目。开出并承兑的如果是银行承兑汇票，到期企业无力支付时，承兑银行应无条件付款，同时对出票人尚未支付的汇票作为逾期贷款处理，借记"应付票据"科目，贷记"短期借款"科目，并将按日支付万分之五的利息计入当期财务费用。

2. 带息商业汇票

带息商业汇票开出时按面值计价，方法同不带息商业汇票。它通常应在期末对尚未到期的商业汇票计提利息，借记"财务费用"科目，贷记"应付票据"科目。到期时应支付的金额包括本息数,按应付票据的账面价值借记"应付票据"科目,按尚未计提利息借记"财务费用"科目,按支付的本息数贷记"银行存款"科目。应付票据到期,如公司无力支付票款,按应付票据的账面价值转入"应付账款"科目,转入后,期末不再计提利息。

二、应付票据的核算

为了总括反映和监督企业对外发生债务时采用商业承兑汇票和银行承兑汇票的支付情况,应设置"应付票据"科目,本科目的贷方登记承兑汇票的面值,借方登记支付票据数额;期末贷方科目的余额表示企业尚未支付票据数额。企业应设置应付票据备查簿,记载每一项应付票据的详细资料,比如应付票据的种类、号数、签发日期、到期日、票面金额、收款人姓名、地址及付款日期等内容,到期付清时,在备查簿逐笔注销。

企业开出承兑商业汇票或以承兑汇票抵付贷款时,借"应付账款"科目,贷记本科目;支付银行手续费时,借记"财务费用"科目,贷记"银行存款"科目。收到银行支付本息通知时,借记本科目和"财务费用"科目,贷记"银行存款"科目。如果企业开出承兑商业汇票到期无力支付时,则将应付票据转为应付账款账户,借记"应付票据"科目,贷记"应付账款"科目。

应付账款	
商业汇票到期时	①开出承兑商业汇票时 ②带息票据计息时商业汇票到期时
	余:尚未到期的票据本息额

【例4-6】2022年11月1日,华泰公司向利民公司购入丙材料一批,价值为100 000元(未取得增值税发票),材料已验收入库,经双方协商,由购货方给销货方出具一张票据,面值为100 000元,票面利率为6%,期限为3个月,票据到期付款。有关账务处理如下:

(1)11月1日,出具应付票据时:

记 账 凭 证

2022 年 11 月 1 日　　　　　　　　第 ××× 号

摘要	会计科目		借方金额	贷方金额	账页或√
			千百十万千百十元角分	千百十万千百十元角分	
购买材料	原材料	丙材料	1 0 0 0 0 0 0 0		
	应付票据	利民公司		1 0 0 0 0 0 0 0	
	合计		1 0 0 0 0 0 0 0	1 0 0 0 0 0 0 0	

会计主管：李俊　　　记账：张华　　　审核：李俊　　　制单：小琴

　　借：原材料——丙材料　　　　　　　　　　100 000
　　　　贷：应付票据——利民公司　　　　　　　　　　100 000

（2）12 月 31 日，年末计提利息时：

记 账 凭 证

2022 年 12 月 31 日　　　　　　　　第 ××× 号

摘要	会计科目		借方金额	贷方金额	账页或√
			千百十万千百十元角分	千百十万千百十元角分	
计提利息	财务费用		1 0 0 0 0 0		
	应付账款	暂估应付款		1 0 0 0 0 0	
	合计		1 0 0 0 0 0	1 0 0 0 0 0	

会计主管：李俊　　　记账：张华　　　审核：李俊　　　制单：小琴

借：财务费用　　　　　　　　　　　　　　　1 000
　　贷：应付票据——利民公司　　　　　　　　　　1 000

（3）2023年2月1日，应付票据到期时：

记 账 凭 证

2023年2月1日　　　　　　第×××号

摘要	会计科目		借方金额	贷方金额	账页或√
			千百十万千百十元角分	千百十万千百十元角分	
票据到期	应付票据	利民公司	1 0 1 0 0 0 0 0		
	财务费用		5 0 0 0 0		
	银行存款			1 0 1 5 0 0 0 0	
	合计		1 0 1 5 0 0 0 0	1 0 1 5 0 0 0 0	

会计主管：李俊　　　记账：张华　　　审核：李俊　　　制单：小琴

借：应付票据——利民公司　　　　　　　　　101 000
　　财务费用　　　　　　　　　　　　　　　　500
　　贷：银行存款　　　　　　　　　　　　　　　101 500

【例4-7】兴隆公司为增值税一般纳税人。2022年5月6日，该公司开出并承兑一张面值为58 500元、期限5个月的不带息商业承兑汇票，用以向华泰公司采购一批甲材料，材料已收到，按计划成本核算。增值税专用发票上注明的材料价款为50 000元，增值税税额为6 500元。有关账务处理如下：

(1) 5月6日，购进甲材料时：

记 账 凭 证

2022年5月6日　　　　　　　　　　第×××号

摘要	会计科目		借方金额 千百十万千百十元角分	贷方金额 千百十万千百十元角分	账页或√
购进材料	材料采购	华泰公司（甲材料）	5 0 0 0 0 0 0		
	应交税费	应交增值税（进项税额）	6 5 0 0 0 0		
	应付票据	华泰公司		5 6 5 0 0 0 0	
		合计	5 6 5 0 0 0 0	5 6 5 0 0 0 0	

会计主管：李俊　　　记账：张华　　　审核：李俊　　　制单：小琴

借：材料采购——华泰公司（甲材料）　　　50 000
　　应交税费——应交增值税（进项税额）　6 500
　贷：应付票据——华泰公司　　　　　　　　　56 500

（2）承上例，假设本例中的商业承兑汇票为银行承兑汇票，兴隆公司已经缴纳承兑手续费29.25元。有关会计分录如下：

记 账 凭 证

2022年5月6日　　　　　　　　　　第×××号

摘要	会计科目		借方金额 千百十万千百十元角分	贷方金额 千百十万千百十元角分	账页或√
缴纳手续费	财务费用		2 9 2 5		

续表

摘要	会计科目	借方金额 千百十万千百十元角分	贷方金额 千百十万千百十元角分	账页或√
应付账款	暂估应付款		2 9 2 5	
合计		2 9 2 5	2 9 2 5	

会计主管：李俊　　记账：张华　　审核：李俊　　制单：小琴

　　借：财务费用　　　　　　　　　　　　　29.25
　　　贷：银行存款　　　　　　　　　　　　　　　29.25

【例 4-8】综合例题

2022年6月1日，华泰公司从和谐公司购买一批商品，价值为60 000元，同时出具一张面值为70 200元、期限为3个月的带息银行承兑汇票，年利率为10%，以银行存款支付银行承兑手续费351元。

（1）购买商品，出具银行承兑汇票时：

记 账 凭 证

2022年6月1日　　　　　　　　　　第×××号

摘要	会计科目	借方金额 千百十万千百十元角分	贷方金额 千百十万千百十元角分	账页或√
购买商品	库存商品	6 0 0 0 0 0 0		
	应交税费	应交增值税（进项税额）	7 8 0 0 0 0	
	应付票据	和谐公司		6 7 8 0 0 0 0
合计		6 7 8 0 0 0 0	6 7 8 0 0 0 0	

会计主管：李俊　　记账：张华　　审核：李俊　　制单：小琴

借：库存商品　　　　　　　　　　　　　　　　　　60 000
　　应交税费——应交增值税（进项税额）　　　　 7 800
　　贷：应付票据——和谐公司　　　　　　　　　　　　67 800

（2）支付银行承兑手续费：

记 账 凭 证

2022年6月1日　　　　　　　　　　　　　　　　第×××号

摘要	会计科目	借方金额										贷方金额										账页或√
		千	百	十	万	千	百	十	元	角	分	千	百	十	万	千	百	十	元	角	分	
支付手续费	财务费用						3	5	1	0	0											
	银行存款																3	5	1	0	0	
合计							3	5	1	0	0						3	5	1	0	0	

会计主管：李俊　　　　记账：张华　　　　审核：李俊　　　　制单：小琴

借：财务费用　　　　　　　　　　　　　　　　　　351
　　贷：银行存款　　　　　　　　　　　　　　　　　　351

（3）6月30日，计提应付利息：
应付利息＝70 200×10%÷12＝585（元）

记 账 凭 证

2022年6月30日　　　　　　　　第×××号

摘要	会计科目		借方金额 千百十万千百十元角分	贷方金额 千百十万千百十元角分	账页或√
计提利息	财务费用		5 8 5 0 0		
	应付票据	和谐公司		5 8 5 0 0	
	合计		5 8 5 0 0	5 8 5 0 0	

会计主管：李俊　　　记账：张华　　　审核：李俊　　　制单：小琴

　　借：财务费用　　　　　　　　　　　　　585
　　　　贷：应付票据——和谐公司　　　　　　　585

（4）7月31日和8月30日，计提应付利息（分录同上）。

（5）9月1日，票据到期，支付本息时：

记 账 凭 证

2022年9月1日　　　　　　　　第×××号

摘要	会计科目		借方金额 千百十万千百十元角分	贷方金额 千百十万千百十元角分	账页或√
支付本息	应付票据		7 1 9 5 5 0 0		
	银行存款	暂估应付款		7 1 9 5 5 0 0	
	合计		7 1 9 5 5 0 0	7 1 9 5 5 0 0	

会计主管：李俊　　　记账：张华　　　审核：李俊　　　制单：小琴

借：应付票据　　　　　　　　　　　　　　　71 955
　　贷：银行存款　　　　　　　　　　　　　　　71 955

第三节　预收账款

一、预收账款概述

预收账款是指企业按照合同规定，向购货单位预先收取的款项。与应付账款不同，这一负债不是以货币偿付，而是以货物偿付。预收货款业务不多的企业，可以不设置"预收账款"科目，其所发生的预收货款，可通过"应收账款"科目的贷方核算。

二、预收账款的核算

企业应通过"预收账款"科目，核算预收账款的取得、偿付等情况。该科目贷方登记发生的预收账款数额和购货单位补付账款的数额，借方登记企业向购货方发货后冲销的预收账款数额和退回购货方多付账款的数额；余额一般在贷方，反映企业向购货单位预收的款项但尚未向购货方发货的数额，如为借方余额，反映企业应收的款项。

企业向购货单位预收货款时，应借记"银行存款"科目，贷记"预收账款"科目；销售实现时，按售价及应交的增值税销项税额借记"预收账款"科目，按照实现的营业收入，贷记"主营业务收入"科目，按照增值税专用发票上注明的增值税额，贷记"应交税费——应交增值税（销项税额）"科目；结清账户时，收到购货单位补付的货款，借记"银行存款"科目，贷记"预收账款"科目；向购货单位退回其多付的款项时，借记"预收账款"科目，贷记"银行存款"科目。

【例4-9】华泰公司为增值税一般纳税人。2022年6月3日，华泰公司与和谐公司签订供货合同，向其出售一批产品，货款金额共计100 000元，应交增值税13 000元。根据购货合同的规定，和谐公司在购货合同签订后一周内，应当向华泰公司预付货款60 000元，剩余货款在交货后付清。2022年6月9日，华泰公司收到和谐公司交来的预付货款60 000元并存入银行，6月19日华泰公司将货物发到和谐公司并开出增值税专用发票，和谐公司验收后付清了剩余货款。编制会计分录如下：

（1）6月9日，收到和谐公司交来的预付货款60 000元时：

记 账 凭 证

2022年6月9日　　　　　　　　　第×××号

摘要	会计科目		借方金额	贷方金额	账页或√
			千百十万千百十元角分	千百十万千百十元角分	
收到预付货款	银行存款		6 0 0 0 0 0 0		
	预收账款	和谐公司		6 0 0 0 0 0 0	
	合计		6 0 0 0 0 0 0	6 0 0 0 0 0 0	

会计主管：李俊　　　记账：张华　　　审核：李俊　　　制单：小琴

借：银行存款　　　　　　　　　　　　　　　60 000
　　贷：预收账款——和谐公司　　　　　　　　　60 000

（2）6月19日，按合同规定，向和谐公司发出货物时：

记 账 凭 证

2022 年 6 月 19 日　　　　　　　　第 ××× 号

摘要	会计科目		借方金额	贷方金额	账页或√
			千百十万千百十元角分	千百十万千百十元角分	
发出货物	预收账款	和谐公司	1 1 3 0 0 0 0 0		
	主营业务收入			1 0 0 0 0 0 0 0	
	应交税费	应交增值税（销项税额）		1 3 0 0 0 0 0	
	合计		1 1 3 0 0 0 0 0	1 1 3 0 0 0 0 0	

会计主管：李俊　　　记账：张华　　　审核：李俊　　　制单：小琴

借：预收账款——和谐公司　　　　　　　　113 000
　　贷：主营业务收入　　　　　　　　　　　　100 000
　　　　应交税费——应交增值税（销项税额）　13 000

（3）收到和谐公司补付的货款时：

记 账 凭 证

2022 年 6 月 19 日　　　　　　　　第 ××× 号

摘要	会计科目		借方金额	贷方金额	账页或√
			千百十万千百十元角分	千百十万千百十元角分	
收到补付货款	银行存款		5 3 0 0 0 0 0		
	应付账款	暂估应付款		5 3 0 0 0 0 0	
	合计		5 3 0 0 0 0 0	5 3 0 0 0 0 0	

会计主管：李俊　　　记账：张华　　　审核：李俊　　　制单：小琴

借：银行存款　　　　　　　　　　　　　　　53 000
　　贷：预收账款——和谐公司　　　　　　　　　　53 000

第四节　其他应付款的核算

一、其他应付款概述

其他应付款是指企业除应付票据、应付账款、预收账款、应付职工薪酬、应交税费、应付股利等经营活动以外的其他各项应付、暂收的款项，如应付经营租赁方式租入固定资产和包装物的租金，职工未按时领取的工资，存入保证金（如包装物押金），应付租金、应付赔偿款、暂收其他单位或个人的款项等。

二、其他应付款的核算

企业应通过"其他应付款"科目，核算其他应付款的增减变动及其结存情况，并按照其他应付款的项目和对方单位（或个人）设置明细科目进行明细核算。该科目贷方登记发生的各种应付、暂收款项，借方登记偿还或转销的各种应付、暂收款项；该科目期末贷方余额，反映企业应付未付的其他应付款项。

企业发生的各种应付、暂收款项时，借记"银行存款""管理费用"等科目，贷记"其他应付款"科目；支付或退回其他各种应付、暂收款项时，借记"其他应付款"科目，贷记"银行存款"等科目。

【例4-10】2022年7月5日，华泰公司出租给利民公司机器设备一台，收到租用押金6 000元，华泰公司账务处理如下：

记 账 凭 证

2022年7月5日　　　　　　　　　　第×××号

摘要	会计科目		借方金额	贷方金额	账页或√
			千百十万千百十元角分	千百十万千百十元角分	
收到租用押金	银行存款		￥￥￥6 0 0 0 0 0		
	其他应付款	利民公司		￥￥￥6 0 0 0 0 0	
	合计		￥￥￥6 0 0 0 0 0	￥￥￥6 0 0 0 0 0	

会计主管：李俊　　　记账：张华　　　审核：李俊　　　制单：小琴

借：银行存款　　　　　　　　　　　　　　6 000
　　贷：其他应付款——利民公司　　　　　　6 000

【例4-11】接上例，2022年12月5日，利民公司租赁期结束退还机器设备，华泰公司退还押金，华泰公司账务处理如下：

记 账 凭 证

2022年12月5日　　　　　　　　　第×××号

摘要	会计科目		借方金额	贷方金额	账页或√
			千百十万千百十元角分	千百十万千百十元角分	
退还押金	其他应付款	利民公司	￥￥￥6 0 0 0 0 0		
	银行存款			￥￥￥6 0 0 0 0 0	
	合计		￥￥￥6 0 0 0 0 0	￥￥￥6 0 0 0 0 0	

会计主管：李俊　　　记账：张华　　　审核：李俊　　　制单：小琴

借：其他应付款——利民公司　　　　　　　　　6 000
　　贷：银行存款　　　　　　　　　　　　　　　　6 000

【例4-12】2022年7月3日，兴隆公司将一台设备出租给江明企业，收取押金1 500元，存入银行。租赁期满，江明公司于2022年12月3日归还该设备，但是由于江明公司对该设备保管不善而受损，兴隆公司扣除押金的50%作为罚款，其余押金开出转账支票归还给江明公司。兴隆公司的账务处理如下：

（1）7月3日，收取押金时：

记 账 凭 证

2022年7月3日　　　　　　　　　　第×××号

摘要	会计科目		借方金额	贷方金额	账页或√
			千百十万千百十元角分	千百十万千百十元角分	
收取押金	银行存款		1 5 0 0 0 0		
	其他应付款	江明公司		1 5 0 0 0 0	
	合计		1 5 0 0 0 0	1 5 0 0 0 0	

会计主管：李俊　　　记账：张华　　　审核：李俊　　　制单：小琴

借：银行存款　　　　　　　　　　　　　　　　1 500
　　贷：其他应付款——江明公司　　　　　　　　　1 500

（2）12月3日，扣除押金的50%作为罚款，其余押金归还给江明公司时：

记 账 凭 证

2022 年 12 月 3 日　　　　　　　　　第 ×××号

摘要	会计科目		借方金额 千百十万千百十元角分	贷方金额 千百十万千百十元角分	账页或√
扣除罚款归还其余押金	其他应付款	江明公司	1 5 0 0 0 0		
	营业外收入	罚款收入		7 5 0 0 0	
	银行存款			7 5 0 0 0	
合计			1 5 0 0 0 0	1 5 0 0 0 0	

会计主管：李俊　　　　记账：张华　　　　审核：李俊　　　　制单：小琴

借：其他应付款——江明公司　　　　　　　　1 500
　贷：营业外收入——罚款收入　　　　　　　　　750
　　　银行存款　　　　　　　　　　　　　　　　750

复习思考题

（1）带息票据计算利息时票据期限如何确定？

（2）应付账款的内容有哪些？何时可以确认？

（3）银行汇票承兑时的手续费如何处理？

（4）应付票据如何核算？

（5）其他应付款核算哪些内容？

（6）其他应付款如何核算？

第五章
长期应收应付款项业务办理

第一节　长期应收账款

一、长期应收款概述

长期应收款指的是企业融资租赁产生的应收款项和采用递延方式分期收款、实质上具有融资性质的销售商品和提供劳务等经营活动产生的应收款项。

企业应设置"长期应收款"科目，本科目核算企业融资租赁产生的应收款项和采用递延方式分期收款、实质上具有融资性质的销售商品和提供劳务等经营活动产生的应收款项。

二、长期应收款的核算

企业的长期应收款项，包括融资租赁产生的应收款项、采用递延方式具有融资性质的销售商品和提供劳务等产生的应收款项等，通过"长期应收款"科目核算。实质上构成对被投资单位净投资的长期权益，也可通过本科目核算。本科目可按债务人进行明细核算。本科目的期末借方余额反映企业尚未收回的长期应收款。

（1）出租人融资租赁产生的应收租赁款，在租赁期开始日，应按租赁开始日最低租赁收款额与初始直接费用之和，借记"长期应收款"科目，按未担保余值，借记"未担保余值"科目，按融资租赁资产的公允价值（最低租赁收款额和未担保余值的现值之和），贷记"融资租赁资产"科目，按融资租赁资产的公允价值与账面价值的差额，借记"营业外支出"科目或贷记"营业外收入"科目，按发生的初始直接费用，贷记"银行存款"等科目，按其差额，贷记"未实现融资收益"科目。

（2）采用递延方式分期收款销售商品或提供劳务等经营活动产生的长期

应收款,满足收入确认条件的,按应收的合同或协议价款,借记"长期应收款"科目,按应收合同或协议价款的公允价值(折现值),贷记"主营业务收入"等科目,按其差额,贷记"未实现融资收益"科目。涉及增值税的,还应进行相应的处理。

【例5-1】2022年1月1日,兴隆公司采用分期收款方式销售昌和公司一批产品,该批产品成本为400万元,公允价值为500万元,销售合同中规定价税合计为565万元,增值税65万元在当时收妥款项,剩余的500万元在以后的两年内每年年底收取250万元。相关账务处理如下:

记 账 凭 证

2022年1月1日　　　　　　　　　　　　第×××号

摘要	会计科目		借方金额	贷方金额	账页或√
			千百十万千百十元角分	千百十万千百十元角分	
销售产品	长期应收款	昌和公司	5 0 0 0 0 0 0 0		
	银行存款		6 5 0 0 0 0 0		
	主营业务收入			5 0 0 0 0 0 0 0	
	应交税费——应交增值税(销项税额)			6 5 0 0 0 0 0	
	合计		5 6 5 0 0 0 0 0	5 6 5 0 0 0 0 0	

会计主管:李俊　　　记账:张华　　　审核:李俊　　　制单:小琴

借:长期应收款——昌和公司　　　　　　　5 000 000
　　银行存款　　　　　　　　　　　　　　　650 000
贷:主营业务收入　　　　　　　　　　　　5 000 000
　　应交税费——应交增值税(销项税额)　　650 000

同时结转成本：

记 账 凭 证

2022年1月1日　　　　　　　　　第×××号

摘要	会计科目	借方金额 千百十万千百十元角分	贷方金额 千百十万千百十元角分	账页或√
结转成本	主营业务成本	4 0 0 0 0 0 0 0 0		
	库存商品		4 0 0 0 0 0 0 0 0	
	合计	4 0 0 0 0 0 0 0 0	4 0 0 0 0 0 0 0 0	

会计主管：李俊　　　记账：张华　　　审核：李俊　　　制单：小琴

借：主营业务成本　　　　　　　　　　4 000 000
　　贷：库存商品　　　　　　　　　　　　　4 000 000

同时确认递延所得税负债：

记 账 凭 证

2022年1月1日　　　　　　　　　第×××号

摘要	会计科目	借方金额 千百十万千百十元角分	贷方金额 千百十万千百十元角分	账页或√
确认递延所得税负债	所得税费用	6 2 5 0 0 0 0 0		
	递延所得税负债		6 2 5 0 0 0 0 0	
	合计	6 2 5 0 0 0 0 0	6 2 5 0 0 0 0 0	

会计主管：李俊　　　记账：张华　　　审核：李俊　　　制单：小琴

借：所得税费用　　　　　　　　　　　　625 000
　　贷：递延所得税负债　　　　625 000（2 500 000×25%）

（3）如有实质上构成对被投资单位净投资的长期权益，被投资单位发生的净亏损应由本企业承担的部分，在"长期股权投资"的账面价值减记至零以后，还需承担的投资损失，应以"长期应收款"科目中实质上构成了对被投资单位净投资的长期权益部分账面价值减记至零为限，继续确认的投资损失，借记"投资收益"科目，贷记"长期应收款"科目。除上述已确认的投资损失外，投资合同或协议中约定仍应承担的损失，确认为预计负债。

第二节　长期应付款

一、长期应付款概述

长期应付款是指企业除长期借款和应付债券以外的其他各种长期应付款项，包括应付融资租入固定资产的租赁费、以分期付款方式购入固定资产发生的应付款项等。

企业应设置"长期应付款"账户，用于核算企业融资租入固定资产和以分期付款方式购入固定资产时应付的款项及偿还情况。该账户可按长期应付款的种类和债权人进行明细核算。

二、以融资方式租入固定资产发生的应付款

融资租入固定资产时，在租赁期开始日，按应计入固定资产成本的金额（租赁开始日租赁资产公允价值与最低租赁付款额现值两者中的较低者，加上初始直接费用），借记"在建工程"或"固定资产"科目，按最低租赁付款额，贷记"长期应付款"科目，按发生的初始直接费用，贷记"银行存

款"等科目,按其差额,借记"未确认融资费用"科目。按期支付融资租赁费时,借记"长期应付款——应付融资租赁款"科目,贷记"银行存款"科目。

【例5-2】2022年1月1日,华泰公司以融资方式租入需要安装的设备一台,用于企业生产经营活动,该设备的公允价值等于最低租赁付款额现值,均为1 200 000元,租赁合同规定的最低租赁付款额为1 500 000元。设备租入后需进行安装,从本公司仓库领用材料10 000元,应计增值税1 300元,另外以银行存款支付安装调试费40 000元。用银行存款支付的此项租赁谈判和签订租赁合同过程中发生的初始直接费用为50 000元。按租赁协议规定,租赁期满,该设备转归企业拥有。根据上述资料,该企业应作会计分录如下:

(1)租入设备时:

记 账 凭 证

2022年1月1日　　　　　　　　　　　第×××号

摘要	会计科目		借方金额	贷方金额	账页或√
			千百十万千百十元角分	千百十万千百十元角分	
租入设备	在建工程		1 2 5 0 0 0 0 0 0		
	未确认融资费用		3 0 0 0 0 0 0 0		
	长期应付款	应付融资租赁款		1 5 0 0 0 0 0 0 0	
	银行存款			5 0 0 0 0 0 0	
	合计		1 5 5 0 0 0 0 0 0	1 5 5 0 0 0 0 0 0	

会计主管:李俊　　　记账:张华　　　审核:李俊　　　制单:小琴

借：在建工程　　　　　　　　　　　　　　1 250 000
　　未确认融资费用　　　　　　　　　　　　300 000
　贷：长期应付款——应付融资租赁款　　　　　　1 500 000
　　　银行存款　　　　　　　　　　　　　　　　　50 000

（2）支付安装调试费时：

记 账 凭 证

2022年1月1日　　　　　　　　第×××号

摘要	会计科目	借方金额 千百十万千百十元角分	贷方金额 千百十万千百十元角分	账页 或√
支付安装调试费	在建工程	5 0 0 0 0 0 0		
	原材料		1 0 0 0 0 0 0	
	银行存款		4 0 0 0 0 0 0	
	合计	5 0 0 0 0 0 0	5 0 0 0 0 0 0	

会计主管：李俊　　　记账：张华　　　审核：李俊　　　制单：小琴

借：在建工程　　　　　　　　　　　　　　　50 000
　贷：原材料　　　　　　　　　　　　　　　　　10 000
　　　银行存款　　　　　　　　　　　　　　　　40 000

（3）安装完毕交付使用时：

记 账 凭 证

2022 年 1 月 1 日　　　　　　　　　　　第 ×××号

摘要	会计科目		借方金额	贷方金额	账页或√
			千百十万千百十元角分	千百十万千百十元角分	
固定资产交付使用	固定资产	融资租入固定资产	1 3 0 0 0 0 0 0 0		
		在建工程		1 3 0 0 0 0 0 0 0	
	合计		1 3 0 0 0 0 0 0 0	1 3 0 0 0 0 0 0 0	

会计主管：李俊　　　记账：张华　　　审核：李俊　　　制单：小琴

借：固定资产——融资租入固定资产　　　1 300 000
　　贷：在建工程　　　　　　　　　　　　　　1 300 000

（4）租赁期满，资产产权转入企业时：

记 账 凭 证

2022 年 1 月 1 日　　　　　　　　　　　第 ×××号

摘要	会计科目		借方金额	贷方金额	账页或√
			千百十万千百十元角分	千百十万千百十元角分	
资产产权转入企业	固定资产	生产经营用固定资产	1 3 0 0 0 0 0 0 0		
	固定资产	融资租入固定资产		1 3 0 0 0 0 0 0 0	
	银行存款				
	合计		1 3 0 0 0 0 0 0 0	1 3 0 0 0 0 0 0 0	

会计主管：李俊　　　记账：张华　　　审核：李俊　　　制单：小琴

借：固定资产——生产经营用固定资产　　　　1 300 000
　　贷：固定资产——融资租入固定资产　　　　　　1 300 000

三、以分期付款方式购入固定资产发生的应付款

企业分期付款购买固定资产时，固定资产的成本以购买价款的现值为基础确定，以实际支付的价款作为长期应付款的入账价值，两者之间的差额作为未确认融资费用，应当在信用期间内采用实际利率法进行摊销。即按所购固定资产购买价款的现值，借记"固定资产"科目或"在建工程"科目，按应支付的金额，贷记"长期应付款"科目，按其差额，借记"未确认融资费用"科目。支付购买价款时，借记"长期应付款"科目，贷记"银行存款"科目。

【例5-3】2022年1月1日，华泰公司以融资方式租入需要安装的设备一台，该设备的公允价值等于最低租赁付款额现值，均为1 200 000元，租赁合同规定的最低租赁付款额为1 500 000元。设备租入后需安装，共发生安装调试费50 000元，其中从仓库领用材料10 000元，应计增值税1 300元，其余以银行存款支付。用银行存款支付的此项租赁谈判和签订租赁合同过程中发生的初始直接费用为50 000元。按租赁协议规定，租赁期满，该设备转归企业拥有。根据上述资料，该企业应作有关会计分录如下：

（1）租入设备时：

记 账 凭 证

2022年1月1日　　　　　　　第×××号

摘要	会计科目	借方金额										贷方金额										账页或√
		千	百	十	万	千	百	十	元	角	分	千	百	十	万	千	百	十	元	角	分	
租入设备	在建工程		1	2	5	0	0	0	0	0	0											
	未确认融资费用				3	0	0	0	0	0	0											

续表

摘要	会计科目		借方金额 千百十万千百十元角分	贷方金额 千百十万千百十元角分	账页或√
	长期应付款	应付融资租赁款		1 5 0 0 0 0 0 0	
	银行存款			5 0 0 0 0 0	
	合计		1 5 5 0 0 0 0 0	1 5 5 0 0 0 0 0	

会计主管：李俊　　记账：张华　　审核：李俊　　制单：小琴

借：在建工程　　　　　　　　　　　　1 250 000
　　未确认融资费用　　　　　　　　　　300 000
　贷：长期应付款——应付融资租赁款　　1 500 000
　　　银行存款　　　　　　　　　　　　 50 000

（2）支付安装调试费时：

记 账 凭 证

2022年1月1日　　　　　　　　　第×××号

摘要	会计科目		借方金额 千百十万千百十元角分	贷方金额 千百十万千百十元角分	账页或√
支付安装调试费	在建工程		5 0 0 0 0 0		
	原材料			1 0 0 0 0 0	
	应交税费	应交增值税（进项税额转出）		1 3 0 0 0	
	银行存款			3 8 7 0 0 0	
	合计		5 0 0 0 0 0	5 0 0 0 0 0	

会计主管：李俊　　记账：张华　　审核：李俊　　制单：小琴

借：在建工程　　　　　　　　　　　　　　　　　　　50 000
　　贷：原材料　　　　　　　　　　　　　　　　　　10 000
　　　　应交税费——应交增值税（进项税额转出）　　1 300
　　　　银行存款　　　　　　　　　　　　　　　　　38 700

（3）安装完毕交付使用时：

记 账 凭 证

2022年1月1日　　　　　　　　　　　　　　　　第×××号

摘要	会计科目		借方金额 千百十万千百十元角分	贷方金额 千百十万千百十元角分	账页 或√
固定资产交付使用	固定资产	融资租入固定资产	1 3 0 0 0 0 0 0 0		
	在建工程			1 3 0 0 0 0 0 0 0	
	合计		1 3 0 0 0 0 0 0 0	1 3 0 0 0 0 0 0 0	

会计主管：李俊　　　　记账：张华　　　　审核：李俊　　　　制单：小琴

借：固定资产——融资租入固定资产　　　　　　1 300 000
　　贷：在建工程　　　　　　　　　　　　　　　　1 300 000

（4）租赁期满，资产产权转入企业时：

记 账 凭 证

2022年1月1日　　　　　　　　　　　第×××号

摘要	会计科目		借方金额	贷方金额	账页或√
			千百十万千百十元角分	千百十万千百十元角分	
资产产权转入企业	固定资产	生产经营用固定资产	1 3 0 0 0 0 0 0 0		
	固定资产	融资租入固定资产		1 3 0 0 0 0 0 0 0	
	银行存款				
	合计		1 3 0 0 0 0 0 0 0	1 3 0 0 0 0 0 0 0	

会计主管：李俊　　　记账：张华　　　审核：李俊　　　制单：小琴

借：固定资产——生产经营用固定资产　　1 300 000
贷：固定资产——融资租入固定资产　　　　　　1 300 000

【例5-4】华泰公司2022年年初分期付款购买一批产品，该产品现在的公允价值为500万元，合同总价款为1130万元，购买当期用银行存款支付增值税113万元，剩余款项在剩余5年内支付完毕，每年年底支付200万元，实际利率为10%。购买产品时的会计分录如下：

记 账 凭 证

2022年1月××日　　　　　　　　　　第×××号

摘要	会计科目	借方金额	贷方金额	账页或√
		千百十万千百十元角分	千百十万千百十元角分	
购买产品	库存商品	5 0 0 0 0 0 0 0 0		

续表

摘要	会计科目	借方金额 千百十万千百十元角分	贷方金额 千百十万千百十元角分	账页或√
	应交税费	应交增值税（进项税额）	1 1 3 0 0 0 0 0 0	
	未确认融资费用	5 0 0 0 0 0 0 0 0		
	长期应付款		1 0 0 0 0 0 0 0 0 0	
	银行存款		1 1 3 0 0 0 0 0 0	
	合计	1 1 1 3 0 0 0 0 0 0 0	1 1 1 3 0 0 0 0 0 0 0	

会计主管：李俊　　记账：张华　　审核：李俊　　制单：小琴

借：库存商品　　　　　　　　　　　　　　　　5 000 000
　　应交税费——应交增值税（进项税额）　　　1 130 000
　　未确认融资费用　　　　　　　　　　　　　5 000 000
贷：长期应付款　　　　　　　　　　　　　　　10 000 000
　　银行存款　　　　　　　　　　　　　　　　1 130 000

【例 5-5】综合例题

2022 年 12 月 31 日，华泰公司与江明公司签订了一份矿泉水生产线融资租赁合同。租赁合同规定：租赁期开始日为 2022 年 12 月 31 日；租赁期为 3 年，预计使用年限 4 年，每年年末支付租金 2 000 000 元；租赁期届满，矿泉水生产线的估计残余价值为 400 000 元，其中华泰公司担保余值为 300 000 元，未担保余值为 100 000 元。该矿泉水生产线于 2022 年 12 月 31 日运抵华泰公司，当日投入使用；华泰公司采用年限平均法计提固定折旧，于每年年末一次确认融资费用并计提折旧。假定该矿泉水生产线为全新生产线，租赁开始日的公允价值为 6 000 000 元；租赁内含利率为 6%。2024 年 12 月 31 日，华泰公司将该矿泉水生产线归还给江明公司。华泰公司账务处处理如下：

113

华泰公司的账务处理如下：

（1）2022年12月31日，租入固定资产：

最低租赁付款额现值=2 000 000×2.6730+300 000×0.8396=5 597 880（元）

由于长期应付款的未来现金流量的现值（5 597 880）＜固定资产公允价值（6 000 000），按照孰低的原则，则该生产线的入账价值为5 597 880元。

未确认融资费用=6 300 000-5 597 880=702 120（元）

记 账 凭 证

2022年12月31日　　　　　　　　第×××号

摘要	会计科目		借方金额	贷方金额	账页或√
			千百十万千百十元角分	千百十万千百十元角分	
租入固定资产	固定资产	融资租入固定资产	5 5 9 7 8 8 0 0 0		
	未确认融资费用		7 0 2 1 2 0 0 0		
	长期应付款			6 3 0 0 0 0 0 0 0	
	合计		6 3 0 0 0 0 0 0 0	6 3 0 0 0 0 0 0 0	

会计主管：李俊　　　　记账：张华　　　　审核：李俊　　　　制单：小琴

借：固定资产——融资租入固定资产　　　　5 597 880
　　未确认融资费用　　　　　　　　　　　702 120
　　贷：长期应付款　　　　　　　　　　　　　　　6 300 000

（2）2022年12月31日，支付租金、分摊融资费用并计提折旧：

未确认融资费用的分摊结果见表5-1。

应提折旧=（5 597 880-300 000）÷3=1 765 960（元）

表5-1 未确认融资费用分摊表

单位：元

日期	租金 ①	确认的融资费用 ②=期初④×6%	应付本金的减少额 ③=①-②	应付本金余额 ④=期初④-③
2023年年初				5 597 880
2023年年末	2 000 000	335 872.80	1 664 127.20	3 933 752.80
2024年年初	2 000 000	236 025.17	1 763 974.83	2 169 777.97
2024年年末	2 000 000	130 222.03*	1 869 777.97	300 000
合计	6 000 000	702 120	5 297 880	

注：*尾数调整。

记 账 凭 证

2022年12月31日　　　　　　第×××号

摘要	会计科目	借方金额 千百十万千百十元角分	贷方金额 千百十万千百十元角分	账页或√
支付租金	长期应付款	2 0 0 0 0 0 0 0 0		
	银行存款		2 0 0 0 0 0 0 0 0	
	合计			

会计主管：李俊　　　记账：张华　　　审核：李俊　　　制单：小琴

　　借：长期应付款　　　　　　　　　　　　2 000 000
　　　　贷：银行存款　　　　　　　　　　　　　　2 000 000

记 账 凭 证

2022 年 12 月 31 日　　　　　　　　第 ×××号

摘要	会计科目	借方金额	贷方金额	账页或√
		千百十万千百十元角分	千百十万千百十元角分	
分摊融资费用	财务费用	335872 80		
	未确认融资费用		335872 80	
	合计	335872 80	335872 80	

会计主管：李俊　　　记账：张华　　　审核：李俊　　　制单：小琴

借：财务费用　　　　　　　　　　　　335 872.80
　贷：未确认融资费用　　　　　　　　　　335 872.80

记 账 凭 证

2022 年 12 月 31 日　　　　　　　　第 ×××号

摘要	会计科目	借方金额	贷方金额	账页或√
		千百十万千百十元角分	千百十万千百十元角分	
计提	制造费用	1765960 00		
	累计折旧		1765960 00	
	合计	1765960 00	1765960 00	

会计主管：李俊　　　记账：张华　　　审核：李俊　　　制单：小琴

借：制造费用　　　　　　　　　　　　　　1 765 960

　　贷：累计折旧　　　　　　　　　　　　　　1 765 960

2023年及2024年支付租金、分摊融资费用并计提折旧的账务处理，比照2022年相关账务处理。

（3）2024年12月31日，归还矿泉水生产线：

记 账 凭 证

2024年12月31日　　　　　　　　　　　　第×××号

摘要	会计科目		借方金额 千百十万千百十元角分	贷方金额 千百十万千百十元角分	账页或√
归还生产线	长期应付款		3 0 0 0 0 0 0 0		
	累计折旧		5 2 9 7 8 8 0 0 0		
	固定资产	融资租入固定资产		5 5 9 7 8 8 0 0 0	
	合计		5 5 9 7 8 8 0 0 0	5 5 9 7 8 8 0 0 0	

会计主管：李俊　　　记账：张华　　　审核：李俊　　　制单：小琴

借：长期应付款　　　　　　　　　　　　　　300 000

　　累计折旧　　　　　　　　　　　　　　　5 297 880

　　贷：固定资产——融资租入固定资产　　　　5 597 880

第六章
债务重组

第一节 债务重组方式

一、债务重组的概念

债务重组的概念如图6-1所示。

债务重组,是指在债务人发生财务困难的情况下,债权人按照其与债务人达成的协议或者法院的裁定作出让步的事项。债务重组的定义表明不论何种债务重组形式,只要修改了原定债务偿还条件的,即债务重组时确定的债务偿还条件不同于原协议的,均作为债务重组

债务人发生财务困难,是指因债务人出现资金周转困难、经营陷入困境或者其他方面的原因,导致其无法或者没有能力按原定条件偿还债务

债权人作出让步,是指债权人同意发生财务困难的债务人现在或者将来以低于重组债务账面价值的金额或者价值偿还债务。"债权人作出让步"的情形主要包括:债权人减免债务人部分债务本金或者利息、降低债务人应付债务的利率等

图6-1 债务重组的概念

二、债务重组的几种方式

债务重组的方式如表6-1所示。

表6-1 债务重组方式

债务重组方式	具体解释
以资产清偿债务	是指债务人转让其资产给债权人以清偿债务的债务重组方式。 债务人通常用于偿债的资产主要有:现金、债券投资、股权投资、存货、固定资产、无形资产等

续表

债务重组方式	具体解释
以资产清偿债务	这里所指的现金，包括库存现金、银行存款和其他货币资金。 在债务重组的情况下，以现金清偿债务，是指以低于债务的账面价值的现金清偿债务。如果以等量的现金偿还所欠债务，则不属于本章所指的债务重组
将债务转为资本	是指债务人将债务转为资本，同时债权人将债权转为股权的债务重组方式。但债务人根据转换协议，将应付可转换公司债券转为资本的，属于正常情况下的债务转资本，不作为债务重组处理。 以债务转为资本用于清偿债务，对于股份制企业在法律上有一定的限制。例如，按照《中华人民共和国公司法》规定，公司发行新股必须具备一定的条件，只有在满足《中华人民共和国公司法》规定的条件后才能发行新股。企业应在满足国家规定条件的情况下，才能采用将债务转为资本的方式进行债务重组
修改其他债务条件	是指修改不包括上述第一、第二种情形在内的债务条件进行债务重组的方式，如减少债务本金、降低利率、免去应付未付的利息、延长偿还期限等
以上三种方式的组合	是指采用以上三种方式共同清偿债务的债务重组形式。例如，以转让资产清偿某项债务的一部分，另一部分债务通过修改其他债务条件进行债务重组

第二节 以资产清偿债务的会计处理

一、以现金清偿债务

以现金清偿债务中债务人的会计处理如图 6-2 所示。

```
重组债务的账面价值 ──→ 实际支付的现金 ──→ 债务重组利得
                                          计入"营业外收入"
        │
        │         ┌─ "账面价值"如有利息的,还应加上应计未付利息,如长
        │         │  期借款
重组债务的账面价值 ┤
        │         └─ 有溢(折)价的,还应加上尚未摊销的溢价或减去尚未摊
        │            销的折价,如应付债券(下同)
        ↓
债务人按应付债务的账面余额,借记"应付账款"等科目,按实际支付的金额,贷记"银行存款"等科目,按其差额,贷记"营业外收入——债务重组利得"科目
```

图6-2 以现金清偿债务中债务人的会计处理

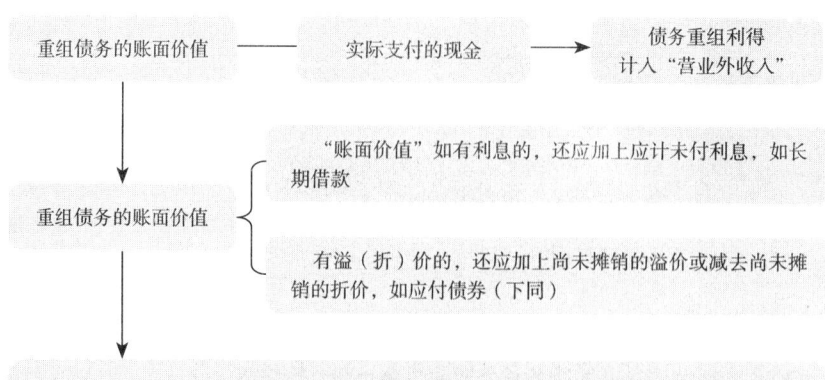

以现金清偿债务中债权人的会计处理如图6-3所示。

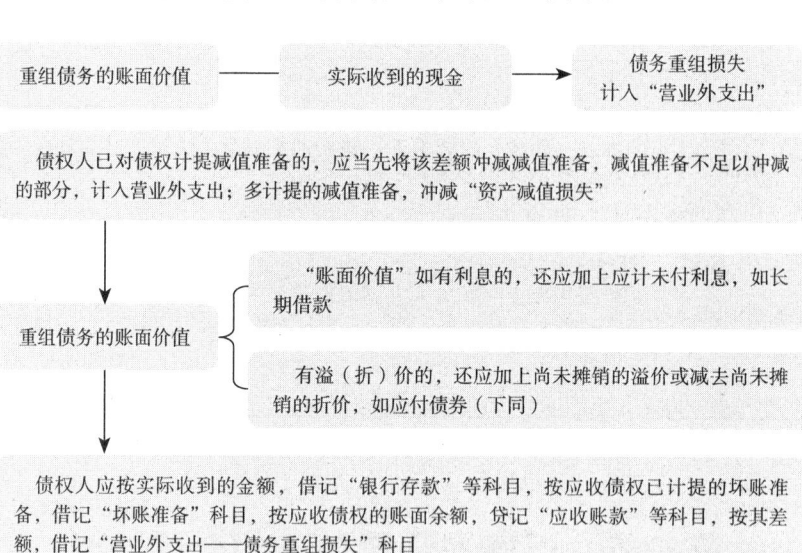

```
重组债务的账面价值 ──→ 实际收到的现金 ──→ 债务重组损失
                                          计入"营业外支出"
        │
        ↓
债权人已对债权计提减值准备的,应当先将该差额冲减减值准备,减值准备不足以冲减的部分,计入营业外支出;多计提的减值准备,冲减"资产减值损失"
        │
        ↓         ┌─ "账面价值"如有利息的,还应加上应计未付利息,如长
        │         │  期借款
重组债务的账面价值 ┤
        │         └─ 有溢(折)价的,还应加上尚未摊销的溢价或减去尚未摊
        │            销的折价,如应付债券(下同)
        ↓
债权人应按实际收到的金额,借记"银行存款"等科目,按应收债权已计提的坏账准备,借记"坏账准备"科目,按应收债权的账面余额,贷记"应收账款"等科目,按其差额,借记"营业外支出——债务重组损失"科目
        │
        ↓
在债权人已对重组债权计提了坏账准备的情况下,如果实际收到的现金金额大于重组债权的账面价值,债权人应按实际收到的现金,借记"银行存款"等科目,按重组债权已计提的坏账准备,借记"坏账准备"科目,按该项重组债权的账面余额,贷记"应收账款"等科目,按其差额,贷记"资产减值损失"科目
```

图6-3 以现金清偿债务中债权人的会计处理

【例 6-1】美源企业于 2022 年 1 月 20 日销售一批材料给乙企业，不含税价格为 200 000 元，增值税税率为 13%，按合同规定，乙企业应于 2022 年 4 月 1 日前偿付货款。由于乙企业发生财务困难，无法按合同规定的期限偿还债务，经双方协商于 7 月 1 日进行债务重组。债务重组协议规定，美源企业同意减免乙企业 30 000 元债务，余额用现金立即偿清。美源企业已于 7 月 10 日收到乙企业通过转账偿还的剩余款项。美源企业已为该项应收债权计提了 20 000 元的坏账准备。

（1）乙企业的账务处理：

a. 计算债务重组利得：

应付账款账面余额	226 000
减：支付的现金	196 000
债务重组利得	30 000

b. 会计分录：

借：应付账款	226 000	
贷：库存现金		196 000
营业外收入——债务重组利得		30 000

（2）美源企业的账务处理：

a. 计算债务重组损失：

应收账款账面余额	226 000
减：收到的现金	196 000
差额	30 000
减：已计提坏账准备	20 000
债务重组损失	10 000

b. 会计分录：

借：库存现金	196 000	
营业外支出——债务重组损失	10 000	
坏账准备	20 000	
贷：应收账款		226 000

二、以非现金资产清偿债务

以非现金资产清偿债务的账务处理方式如表6-2所示。

表6-2 以非现金资产清偿债务的账务处理

项目	具体解释
以非现金资产清偿债务的核算原则	以非现金资产清偿债务的，债务人应将重组债务的账面价值与转让的非现金资产公允价值之间的差额，确认为债务重组利得计入营业外收入
以库存材料、商品产品抵偿债务	债务人以库存材料、商品产品抵偿债务，应视同销售进行核算。 企业可将该项业务分为两部分：一是将库存材料、商品产品出售给债权人，取得货款。出售库存材料、商品产品业务与企业正常的销售业务处理相同，其发生的损益计入当期损益；二是以取得的货币清偿债务。但在这项业务中并没有实际的货币流入与流出
以固定资产抵偿债务	债务人以固定资产抵偿债务，应将固定资产的公允价值与该项固定资产账面价值和清理费用的差额作为转让固定资产的损益处理。将固定资产的公允价值与重组债务的账面价值的差额，作为债务重组利得。债权人收到的固定资产按公允价值计量
以股票、债券等金融资产抵偿债务	债务人以股票、债券等金融资产抵偿债务，应按相关金融资产的公允价值与其账面价值的差额，作为转让金融资产的利得或损失处理；相关金融资产的公允价值与重组债务的账面价值的差额，作为债务重组利得。债权人收到的相关金融资产按公允价值计量

【例6-2】美源公司欠乙公司购货款350 000元。由于美源公司财务发生困难，短期内不能支付已于2022年5月1日到期的货款。2022年7月10日，经双方协商，乙公司同意美源公司以其生产的产品偿还债务。该产品的公允价值为200 000元，实际成本为120 000元。美源公司为增值税一般纳税人，适用的增值税税率为13%。乙公司于2022年8月10日收到美源公司抵债的产品，并作为产成品入库；乙公司对该项应收账款计提了50 000元的坏账准备。

（1）美源公司的账务处理：

a. 计算债务重组利得：

应付账款的账面余额	350 000
减：所转让产品的公允价值	200 000
增值税销项税额（200 000×13%）	26 000
债务重组利得	124 000

b. 会计分录：

借：应付账款　　　　　　　　　　　　　　　350 000
　　贷：主营业务收入　　　　　　　　　　　　200 000
　　　　应交税费——应交增值税（销项税额）　 26 000
　　　　营业外收入——债务重组利得　　　　　124 000
借：主营业务成本　　　　　　　　　　　　　 120 000
　　贷：库存商品　　　　　　　　　　　　　　120 000

在本例中，销售产品取得的利润体现在主营业务利润中，债务重组利得作为营业外收入处理。如果债务人以库存材料清偿债务，则视同销售取得的收入作其他业务收入，发出材料的成本作其他业务支出处理。

（2）乙公司的账务处理：

a. 计算债务重组损失：

应收账款的账面余额	350 000
减：受让资产的公允价值	226 000
差额	24 000
减：已计提坏账准备	50 000
债务重组损失	74 000

b. 会计分录：

借：库存商品　　　　　　　　　　　　　　　 200 000
　　应交税费——应交增值税（进项税额）　　　 26 000
　　坏账准备　　　　　　　　　　　　　　　　 50 000
　　营业外支出——债务重组损失　　　　　　　 74 000
　　贷：应收账款　　　　　　　　　　　　　　350 000

【例6-3】美源公司于2022年1月1日销售给乙公司一批材料，价值400 000元（包括应收取的增值税税额），按购销合同约定，乙公司应于2022年10月31日前支付货款。2022年1月31日乙公司尚未支付货款。由于乙公司发生财务困难，已知期内不能支付货款。2022年2月3日，经过协商，美源公司同意乙公司以一台设备的公允价值为360 000元（假设企业转让该项设备不需要交纳增值税）。美源公司对该项应收账款提取坏账准备20 000元。设备已于2022年3月10日运到美源公司。假定不考虑与该项债务重组相关的税费。

（1）乙公司的账务处理：

a.计算固定资产清理损益：

固定资产公允价值	360 000
减：固定资产净值	300 000
处理固定资产净收益	60 000

b.计算债务重组利得：

应付账款的账面余额	400 000
减：固定资产公允价值	360 000
债务重组利得	40 000

c.会计分录：

将固定资产净值转入固定资产清理：

借：固定资产清理	300 000
累计折旧	50 000
贷：固定资产	350 000

结转债务重组利得：

借：应付账款	400 000
贷：固定资产清理	360 000
营业外收入——债务重组利得	40 000

结转转让固定资产的利得：

借：固定资产清理	60 000
贷：营业外收入——处置固定资产利得	60 000

(2) 美源公司的账务处理：

a. 计算债务重组损失：

应收账款账面余额	400 000
减：受让资产的公允价值	360 000
差额	40 000
减：坏账准备	20 000
债务重组损失	20 000

b. 会计分录：

借：固定资产	360 000	
坏账准备	20 000	
营业外支出——债务重组损失	20 000	
贷：应收账款		400 000

【例6-4】美源公司于2018年7月1日销售给乙公司一批产品，价值450 000元（包括应收取的增值税税额），乙公司于当日开出六个月承兑的商业汇票。乙公司于2018年12月31日尚未支付货款。由于乙公司发生财务困难，短期内不能支付货款。经与美源公司协商，美源公司同意乙公司以其所拥有并作为以公允价值计量且其变动计入当期损益的乐天公司股票抵偿债务。该股票的账面价值400 000元（为取得时的成本），公允价值380 000元，乙公司将该股票作为可供出售的金融资产。假定美源公司为该项应收账款提取了坏账准备40 000元。用于抵债的股票已于2019年1月22日办理了相关转让手续；美源公司将取得的乐天公司股票作为以公允价值计量且其变动计入当期损益的金融资产。美源公司已将该项应收票据转入应收账款；乙公司已将应付票据转入应付账款。

(1) 乙公司的账务处理：

a. 计算债务重组利得：

应付账款的账面余额	450 000
减：股票的公允价值	380 000
债务重组利得	70 000

b. 计算转让股票收益：

股票的公允价值	380 000
减：股票的账面价值	400 000
转让股票损益	−20 000

c. 会计分录：

借：应付账款	450 000
投资收益	20 000
贷：交易性金融资产	400 000
营业外收入——债务重组利得	70 000

（2）美源公司的账务处理：

a. 计算债务重组损失：

应收账款账面余额	450 000
减：受让资产的公允价值	380 000
差额	70 000
减：坏账准备	40 000
债务重组损失	30 000

b. 会计分录：

借：交易性金融资产	380 000
营业外支出——债务重组损失	30 000
坏账准备	40 000
贷：应收账款	450 000

第三节　将债务转为资本

以债务转为资本清偿债务中债务人的会计处理如图6-4所示。

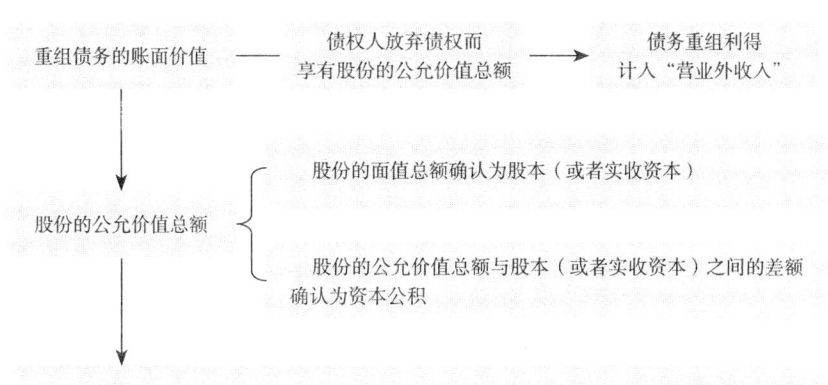

```
重组债务的账面价值 ──── 债权人放弃债权而     ───→ 债务重组利得
       │               享有股份的公允价值总额          计入"营业外收入"
       │
       ▼
                   ┌── 股份的面值总额确认为股本（或者实收资本）
   股份的公允     ─┤
   价值总额        │
                   └── 股份的公允价值总额与股本（或者实收资本）之间的差额
                       确认为资本公积
```

债务人应按应付债务的账面余额，借记"应付账款"等科目，按债务的账面余额与债权人因放弃债权而享有股份的公允价值之间的差额，贷记"营业外收入——债务重组利得"科目，按债权人因放弃债权而享有的股份的面值，贷记"实收资本"或"股本"科目，按应支付的相关税费，贷记"银行存款""应交税费"科目，按其差额，贷记"资本公积——资本溢价（或股本溢价）"科目

图6-4　以债务转为资本清偿债务中债务人的会计处理

以债务转为资本清偿债务中债权人的会计处理如图 6-5 所示。

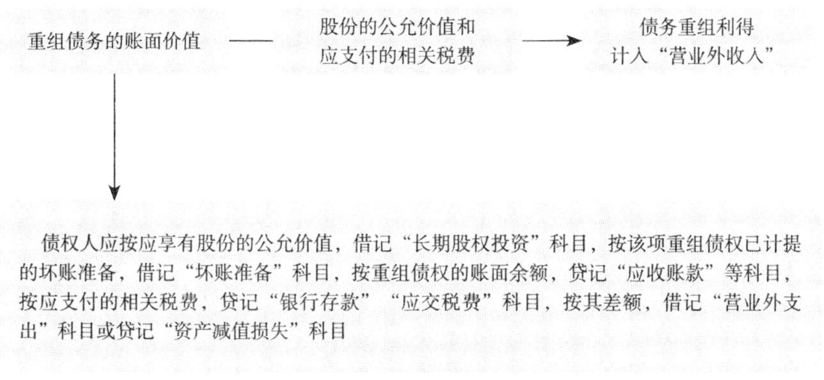

```
重组债务的账面价值 ──── 股份的公允价值和     ───→ 债务重组利得
       │               应支付的相关税费              计入"营业外收入"
       │
       ▼
```

债权人应按应享有股份的公允价值，借记"长期股权投资"科目，按该项重组债权已计提的坏账准备，借记"坏账准备"科目，按重组债权的账面余额，贷记"应收账款"等科目，按应支付的相关税费，贷记"银行存款""应交税费"科目，按其差额，借记"营业外支出"科目或贷记"资产减值损失"科目

图6-5　以债务转为资本清偿债务中债权人的会计处理

【例 6-5】2019 年 7 月 1 日，美源公司应收乙公司账款的账面余额为 60 000 元，由于乙公司发生财务困难，无法偿付该应付账款。经双方协商同意，乙公司以其普通股偿还债务。假定普通股的面值为 1 元，乙公司以 20 000 股抵偿该项债务，股票每股市价为 2.5 元。美源公司对该项应收账款计提了坏账准备 2 000 元。股票登记手续已于 2019 年 8 月 9 日办理完毕，美

源公司将其作为长期股权投资核算。

（1）乙公司的账务处理：

a.计算应计入资本公积的金额：

股票的公允价值	50 000
减：股票的面值总额	20 000
应计入资本公积	30 000

b.计算债务重组利得：

债务账面价值	60 000
股票的公允价值	50 000
债务重组利得	10 000

c.会计分录：

借：应付账款	60 000
贷：股本	20 000
资本公积——股本溢价	30 000
营业外收入——债务重组利得	10 000

（2）美源公司的账务处理：

a.计算债务重组损失：

应收账款账面余额	60 000
减：所转股权的公允价值	50 000
差额	10 000
减：已计提坏账准备	2 000
债务重组损失	8 000

b.会计分录：

借：长期股权投资	50 000
营业外支出——债务重组损失	8 000
坏账准备	2 000
贷：应收账款	60 000

第四节　以修改其他债务条件进行债务重组的会计处理

以修改其他债务条件进行债务重组的会计处理如表 6-3 所示。

表6-3　以修改其他债务条件进行债务重组的会计处理

项目	具体解释
以修改其他债务条件进行债务重组的定义	"修改其他债务条件"，通常指延长债务偿还期限、延长债务偿还期限并减少债务本金或债务利息等。 其中，延长债务偿还期限并减少债务本金或债务利息，既包括在重组日债权人豁免债务人的债务本金或债务利息，也包括重组日之后债权人豁免债务人的债务本金或债务利息
以修改其他债务条件进行债务重组的具体会计核算	（1）以修改其他债务条件进行债务重组的，债务人应当将修改其他债务条件后债务的公允价值作为重组后债务的入账价值。重组债务的账面价值与重组后债务的入账价值之间的差额，确认为债务重组利得计入营业外收入。 修改后的债务条款如涉及或有应付金额，且该或有应付金额符合《企业会计准则——或有事项》中有关预计负债确认条件的，债务人应将该或有应付金额确认为"预计负债"。重组债务的账面价值与重组后债务的入账价值和预计负债金额之和的差额，确认为债务重组利得或损失，计入营业外收入或支出。 或有应付金额，是指需要根据未来某种事项出现而发生的应付金额，而且该未来事项的出现具有不确定性。比如，债务重组协议规定，债务人在债务重组后一定期间内，其业绩改善到一定程度或者符合一定要求（如扭亏为盈、摆脱财务困境等），则应向债权人额外支付一定金额。当债务人承担的或有应付金额符合预计负债确认条件时，应当将该或有应付金额确认为预计负债。或有应付金额在后期没有发生的，企业应当冲销前期已确认的预计负债，同时确认营业外收入（债务重组利得）。 债务人应按应付债务的账面余额，借记"应付账款"等科目，按修改其他债务条件后债务的公允价值，贷记"应付账款"等科目，按确认的或有应付金额,贷记"预计负债"科目，按其差额，贷记"营业外收入——债务重组利得"科目或借记"营业外支出——债务重组损失"科目

续表

项目	具体解释
以修改其他债务条件进行债务重组的具体会计核算	（2）以修改其他债务条件进行债务重组的，债权人应当将修改其他债务条件后的债权的公允价值作为重组后债权的账面价值，重组债权的账面余额与重组后债权的账面价值之间的差额，比照上述"1"的重组方式处理。 修改后的债务条款中涉及或有应收金额的，债权人不应当确认或有应收金额，不得将其计入重组后债权的账面价值。或有应收金额，是指需要根据未来某种事项出现而发生的应收金额，而且该未来事项的出现具有不确定性。 债权从应按修改其他债务条件后的债权的公允价值，借记"应收账款"等科目，按重组债权已计提的坏账准备，借记"坏账准备"科目，按重组债权的账面余额，贷记"应收账款"等科目，按其差额，借记"营业外支出"科目或贷记"资产减值损失"科目

【例6-6】美源公司2018年12月31日应收乙公司票据的账面余额为65 400元，其中，5 400元为累计应收的利息，票面年利率4%。由于乙公司连年亏损，资金周转困难，不能偿付应于2018年12月31日前支付的应付票据。经双方协商，于2019年1月5日进行债务重组。美源公司同意将债务本金减至50 000元；免去债务人所欠的全部利息；将利率从4%降低到2%（等于实际利率），并将债务到期日延至2022年12月31日，利息按年支付。该项债务重组协议从协议签订日起开始实施。美源公司、乙公司已将应收、应付票据转入应收、应付账款。美源公司已为该项应收款项计提了5 000元坏账准备。

（1）乙公司的账务处理：

a.计算债务重组利得：

应付账款的账面余额	65 400
减：重组后债务公允价值	50 000
债务重组利得	15 400

b.会计分录：

2019年1月5日债务重组时：

借：应付账款   65 400

贷：应付账款——债务重组　　　　　　　　　　　　　50 000
　　　　营业外收入——债务重组利得　　　　　　　　　　15 400
2019年12月31日支付利息时：
　　借：账务费用　　　　　　　　　　　　　　　　　　 1 000
　　　贷：银行存款　　　　　　　　　　　　　　　　　　1 000
2022年12月31日偿还本金和最后一年利息时：
　　借：财务费用　　　　　　　　　　　　　　　　　　 1 000
　　　　应付账款——债务重组　　　　　　　　　　　　 50 000
　　　贷：银行存款　　　　　　　　　　　　　　　　　 51 000

（2）美源公司的账务处理：
a.计算债务重组损失：
　应收账款账面余额　　　　　　　　　　　　　　　　　65 400
　　减：重组后债权公允价值　　　　　　　　　　　　　50 000
　　　　差额　　　　　　　　　　　　　　　　　　　　15 400
　　减：已计提坏账准备　　　　　　　　　　　　　　　 5 000
　　　　债务重组损失　　　　　　　　　　　　　　　　10 400
b.会计分录：
2019年1月5日债务重组时：
　　借：应收账款——债务重组　　　　　　　　　　　　50 000
　　　　营业外支出——债务重组损失　　　　　　　　　10 400
　　　　坏账准备　　　　　　　　　　　　　　　　　　 5 000
　　　贷：应收账款　　　　　　　　　　　　　　　　　65 400
2019年12月31日收到利息时：
　　借：银行存款　　　　　　　　　　　　　　　　　　 1 000
　　　贷：财务费用　　　　　　　　　　（50 000×2%）1 000
2022年12月31日收到本金和最后一年利息时：
　　借：银行存款　　　　　　　　　　　　　　　　　　51 000
　　　贷：财务费用　　　　　　　　　　　　　　　　　 1 000
　　　　应收账款——债务重组　　　　　　　　　　　　50 000

第五节　以组合方式进行债务重组的会计处理

债务重组以现金清偿债务、以非现金清偿债务、债务转为资本、修改其他债务条件等方式的组合进行的，债务人应当依次以支付的现金、转让的非现金资产公允价值、债权人享有股份的公允价值冲减重组债务的账面价值，再按修改其他债务条件方式的规定处理；债权人应当依次以收到的现金、接受的非现金资产公允价值、债权人享有股份的公允价值冲减重组债权的账面余额，再按修改其他债务条件方式的规定处理。

【例6-7】A企业和B企业均为增值税一般纳税人。A企业于2019年6月30日向B企业出售产品一批，产品销售价款1 000 000元，应收增值税税额130 000元；B企业于同年6月30日开出期限为6个月、票面年利率为4%的商业承兑汇票，抵充购买该产品价款。在该票据到期日，B企业未按期兑付，A企业将该应收票据按其到期价值转入应收账款，不再计算利息。至2022年12月31日，A企业对该应收账款提取的坏账准备为5 000元。B企业由于发生财务困难，短期内资金紧张，于2022年12月31日经与A企业协商，达成债务重组协议如下：

（1）B企业以产品一批偿还部分债务。该批产品的账面价值为20 000元，公允价值为30 000元，应交增值税税额为3 900元。B企业开出增值税专用发票，A企业将该产品作为商品验收入库。

（2）A企业同意减免B企业所负全部债务扣除实物抵债后剩余债务的40%，其余债务的偿还期延至2021年12月31日。

①B企业的账务处理：

a.计算债务重组时应付账款的账面余额=（1 000 000+130 000）×（1+4%÷2）=1 152 600（元）

b.计算债务重组后债务的公允价值=[1 152 600-30 000×（1+13%）]×60%=（1 152 600-33 900）×60%=671 220（元）

c. 计算债务重组利得：

应付账款账面余额	1 152 600
减：所转让资产的公允价值	33 900
重组后债务公允价值	671 220
债务重组利得	447 480

d. 会计分录：

借：应付账款　　　　　　　　　　　　　　　1 152 600
　　贷：主营业务收入　　　　　　　　　　　　　30 000
　　　　应交税费——应交增值税（销项税额）　　 3 900
　　　　应付账款——债务重组　　　　　　　　　671 220
　　　　营业外收入——债务重组利得　　　　　　447 480
借：主营业务成本　　　　　　　　　　　　　　20 000
　　贷：库存商品　　　　　　　　　　　　　　　20 000

② A 企业的账务处理：

a. 计算债务重组损失：

应收账款账面余额	1 152 600
减：受让资产的公允价值　33 900 = [30 000 ×（1+13%）]	
重组后债权公允价值　671 220 = [（1 152 600–33 900）×60%]	
坏账准备	5 000
债务重组损失	442 480

b. 会计分录：

借：库存商品　　　　　　　　　　　　　　　　30 000
　　应收账款——债务重组　　　　　　　　　　671 220
　　应交税费——应交增值税（进项税额）　　　 3 900
　　坏账准备　　　　　　　　　　　　　　　　 5 000
　　营业外支出——债务重组损失　　　　　　　442 480
　　贷：应收账款　　　　　　　　　　　　　　1 152 600